团队管理经典系列

留住好员工

LOVE 'EM
OR LOSE 'EM
GETTING GOOD
PEOPLE *to* STAY

Beverly Kaye
Sharon Jordan-Evans

[美] 贝弗利·凯 [美] 沙伦·乔丹-埃文斯————著

马洋 陈颖————译

中信出版集团 | 北京

图书在版编目（CIP）数据

留住好员工 /（美）贝弗利·凯，（美）沙伦·乔丹 -
埃文斯著；马洋，陈颖译 . -- 第 2 版 . -- 北京：中信出
版社，2022.5
书名原文：Love'Em or Lose'Em：Getting Good
People to Stay
ISBN 978-7-5217-4220-6

I. ①留… II. ①贝… ②沙… ③马… ④陈… III.
①企业管理－人事管理 IV. ① F272.92

中国版本图书馆 CIP 数据核字（2022）第 064195 号

Love 'Em or Lose 'Em: Getting Good People to Stay
by Beverly Kaye and Sharon Jordan-Evans
Copyright © 2014 by Beverly Kaye and Sharon Jordan-Evans
Copyright licensed by Berrett-Koehler Publishers
arranged with Andrew Nurnberg Associates International Limited
Simplified Chinese translation copyright © 2022 by CITIC Press Corporation
ALL RIGHTS RESERVED
本书仅限中国大陆地区发行销售

留住好员工

著者：　　　［美］贝弗利·凯　［美］沙伦·乔丹—埃文斯
译者：　　　马洋　陈颖
出版发行：中信出版集团股份有限公司
　　　　　（北京市朝阳区惠新东街甲 4 号富盛大厦 2 座　邮编　100029）
承印者：　　北京通州皇家印刷厂

开本：880mm×1230mm 1/32　　印张：13　　　　字数：257 千字
版次：2022 年 5 月第 2 版　　　印次：2022 年 5 月第 1 次印刷
京权图字：01-2009-3386　　　　书号：ISBN 978-7-5217-4220-6
　　　　　　　　　　　　　　　　定价：58.00 元

名人推荐

这本书让人不得不爱。对领导者而言，这的确是一本有趣、充满智慧且实用的案头书。

——罗莎贝斯·莫斯·坎特（Rosabeth Moss Kanter）
哈佛大学高级领导力项目教授和主任

人才的重要性不容置疑，但留住好员工对每家企业而言都有难度。这本书提出了很多能有效留住人才的方法，并配以大量实用案例。这本书对留住好员工具有深远的意义。

——戴维·尤里奇（Dave Ulrich）
密歇根大学罗斯商学院教授，
合著有《高绩效的 HR——未来 HR 的六项修炼》

这本书里的建议既有趣又实用，领导者大可人手一本，凭借这本书管理团队。为了留住好员工，快来购买这本书，并把它分享给更多人吧。

——马歇尔·戈德史密斯（Marshall Goldsmith）
著有《魔劲》（*Mojo: How to Get It, How to Keep It,*
How to Get It Back If You Lose It）

领导者与员工的关系表现为员工流失率。优秀的领导者能通过平衡领导和管理的关系来留住员工，窍门在于公开表彰员工的成绩，并向其提供大量学习机会。这本书会告诉你怎样做。

——肯·梅（Ken May）
联邦快递金考前总裁兼前首席执行官

这本书的理念已被纳入我们公司的全球员工留任与敬业度策略，并作为领导者的培训内容之一。这本书中的员工敬业度策略、指导和建议都很实用，也易于应用在公司的日常管理中。新版增加了更多的全球化视角，这本书的适用范围因此变得更广。

——米歇尔·普林斯（Michelle Prince）
第一资讯（First Data）公司人力资源副总裁

这本书引人入胜！我有幸参加了关于这本书的为期两天的研讨会，我被书中的观点深深吸引。无论在什么行业，员工都是公司最重要的部分，也是公司成功与否的核心。

——威廉·（比尔·）皮克万斯［William（Bill）Pickavance］
联合太空联盟发射回收部前总裁和佛罗里达站站长

我十分相信在职谈话的作用，没有什么比领导者真正关心员工更有效。这也是这本书的一大观点，每个领导者的书架上或手机里都应该有这本书。

——丽贝卡·雷（Rebecca Ray）
世界大企业联合会人力资本高级副总裁

我深信，关爱员工是领导力最核心的内容。找到这本介绍如何关爱员工的管理类图书实属惊喜。管理方式千差万别，这本书强调领导要经常出现在员工面前，尤其是如果领导想留住优秀员工，鼓舞员工，并激发其工作潜能。这本书作为一本管理指南，值得每年阅读一遍。

——特蕾莎·罗奇（Teresa Roche）
安捷伦科技公司副总裁兼首席学习官

这本书中的很多方法直接应用在实际工作中就很有效。这本书帮我重新认识了美国的管理方法。

——平野裕之（Hiroyuki Hirano）
铃与株式会社总经理

80后、90后进入职场以来，我感触颇深。这本书提出了很多帮助这些年轻人充分发挥才华的建议。关爱他们，你也会成为受人喜爱的老板。

——蒂娜·宋（Tina Sung）
美国公共服务合作组织政府转型和
机构伙伴关系部副总裁

这本书从第一版开始就一直是我很好的灵感来源。我向很多人推荐过，尤其那些仍坚持认为靠钱就能留住员工的领导者。这种想法是错误的。这本书提供了一种强大而有趣的方法，能有效、长期地留住好员工。这本书留住好员工的方法放之四海而皆准，十分有效。

——迈克尔·佐林格（Michael Zollinger）
瑞士再保险公司首席人力资源专家

万豪针对员工的全球策略包括收集各地雇员有关工作环境的意见，并提供相应支持，帮助他们更好地投入工作、留在公司。与万豪的策略不谋而合，凯和乔丹-埃文斯在这本书中再次提出了这个特别有效的以与员工的联系为中心的管理策略，实用性很强。

——史蒂夫·鲍曼（Steve Bauman）
万豪国际酒店集团全球学习部署部副总裁

如果你需要留住人才的好办法，那么这本书将是你的不二选择，它将告诉你关爱员工的领导者应如何进行有效管理。在接触这本书提出的概念并亲身感受"在职谈话"和主动询问员工想法的效果后，我明白，留住好员工对公司而言关系重大。在如今的人才市场中，找寻人才不易，留住人才却没想象中那么难。

——安德鲁·白金汉（Andrew Buckingham）
健赞（英国）全球学习发展部经理

我们公司的全球策略是建立在挖掘和培养人才的基础上的。在当今的全球化环境中，留住好员工对所有领导者而言都是至关重要的。这本书可作为他们的工具书。在我们公司，领导者认可这本书提出的概念，并会相应调整自己的行动策略——这本书的概念已被纳入公司的理念。特别重要的是，员工对此也有反馈。

——J. 克雷格·芒迪（J. Craig Mundy）
英格索兰公司企业学习与人才管理部副总裁

这本书对我们公司在拉丁美洲的业务影响很大，它指导建立了基本规则，并在公司经常调整的情况下为领导者提供了实用的管理策略。这本书教会我们对员工的需求保持敏感，实际应用效果很好。我很庆幸在百事可乐公司工作期间能看到这本有价值的参考书。

——卡罗莱娜·拉扎特（Carolina Lazarte）
百事可乐公司拉美地区人力资源总监

献给我挚爱的父母阿贝·凯和莫莉·凯，他们相亲相爱地度过了 70 年，并一直给予我情感鼓励和专业指导。我深深地思念他们!

——贝弗利

献给我的孩子和孙子，是你们教给我爱的真正含义。我爱你们!

——沙伦

目录

前言　关爱员工，否则员工会离你而去——

领导者的有效管理策略 VII

本书的阅读方法 XIII

A | 第一章
询问：主动倾听员工心声 001

在职谈话 / 不要猜，主动问 / 何时谈，怎么谈 / 他敢于提问 / 四种困境
下如何应对 / 员工需求排名 / 关于薪酬 / 关于文化 / 除了问 "为什么愿
意留在公司工作"，还能问什么？

B | 第二章
责任：团队领导是留人的关键 015

责任在你 / 员工离职后 / 管理人才资产

C | 第三章
职业：支持员工实现理想 023

第一步：深入了解员工 / 第二步：表达你的想法 / 第三步：讨论发展
方向 / 第四步：寻找多种选择 / 第五步：重新制订行动计划

第四章

尊重：挖掘特质，表达尊重 ⋯⋯⋯⋯⋯⋯⋯⋯⋯⋯⋯⋯ 035

审视差异和偏见 / 管理好情绪 / 无视员工？ / 信任与忠诚 / 公平决策 /
设身处地

第五章

激活：为员工注入活力 ⋯⋯⋯⋯⋯⋯⋯⋯⋯⋯⋯⋯⋯⋯⋯ 049

工作热情消失 / 充实工作 / 学习任务 / 多样化提升 / 目标可行性测试

第六章

家庭：让工作与家庭和睦相处 ⋯⋯⋯⋯⋯⋯⋯⋯⋯⋯ 059

询问家庭的意义 / 创造灵活空间 / 关心员工个人生活 / 创新工作手段 /
另一种平衡

第七章

目标：增加"向上"之外的可选项 ⋯⋯⋯⋯⋯⋯⋯⋯ 069

员工想晋升？ / 用"向前"代替"向上" / 正确的时间，正确的地点，
正确的人 / 职业发展的其他选项 / 充实工作 / 横向移动 / 探索 / 重组 /
如果只有"向上"这一条路

第八章

招聘：选择合适的人才 ⋯⋯⋯⋯⋯⋯⋯⋯⋯⋯⋯⋯⋯⋯ 083

什么是合适的人才 / 寻找合适的人才 / 避免急功近利式招聘 / 求职者也
在选择 / 抛开假定的偏见 / 避免员工"闪离" / 重新雇用

I 第九章
信息：尽量多与员工分享信息 101

分享的价值 / 沉默让员工恐慌 / 毫无保留还是只字不提？/ 透过信息看
未来 / 越及时越好 / 有效共享方式 / 无法共享信息时怎么办 / 这是一条
双向道 / 信息超载

J 第十章
行为：不要成为员工眼中的"浑蛋" 113

"浑蛋"行为清单 / 代价巨大 / 你说的是我吗？/ 一日"浑蛋"，终身
"浑蛋"？

K 第十一章
快乐：在工作中寻找乐趣 129

独乐乐还是众乐乐？/ 毫无快乐可言 / 快乐的 6 个真相

L 第十二章
连接：建立员工和公司的关系 143

你是"导体"还是"绝缘体"？/ 与人关联 / 与目标关联 / 与外界关联 /
教会员工建立联系 / 参与其中，寻找互助的秘密

M 第十三章
导师：指导员工快速成长 159

导师该怎么做？/ 反向指导

N | 第十四章
统计: 计算人才流失造成的损失 175

损失明细表 / 员工"计划离职"但还没走?

O | 第十五章
机会: 不断为员工提供成长可能 185

机会感受力自测 / 寻找机会 / 发现机会 / 把握机会

P | 第十六章
热情: 维持员工的工作兴趣 197

员工热衷的事情 / 挖掘员工的兴趣点 / 引爆热情的三种方法 / 别让热情
被遏制

Q | 第十七章
质疑: 反思规则, 跳出盒子思考 211

规则可以被打破 / 请将质疑坚持到最后 / 过犹不及: 不计其数的规章
制度 / 跳出盒子 / 同样质疑自己

R | 第十八章
奖励: 用创新方式表达认可 227

福利能留住人吗 / 两个奖励原则 / 各国表示感谢的说法 / 创新奖励方
式 / 注意文化差异

S | 第十九章
空间：改善工作环境和方式 ……………………………… 247

内部空间和外部空间 / 四种外部空间 / 两种内部空间 / 公平公正

T | 第二十章
真实：和员工互相袒露心声 ……………………………… 263

对实话实说的新理解 / 如实反馈员工表现 / 询问员工想法 / 真话伤人，
这是真的吗？ / 告知员工公司的真实情况 / 让员工说实话

U | 第二十一章
理解：做深度倾听的领导者 ……………………………… 277

请集中注意力 / 倾听是一种选择 / 做个倾听者 / 9 个错误反馈 / 深度倾听

V | 第二十二章
价值：匹配个人与公司的价值观 ………………………… 293

了解员工的价值观 / 与公司的价值观匹配 / 团队的价值观冲突

W | 第二十三章
健康：保持工作和生活的平衡 …………………………… 305

健康与适者生存 / "平衡" 问题 / 不要过分要求员工 / 压力过大会导致
低效 / 减压方法

第二十四章

代际差：与不同年龄段的员工相处 319

什么是"一代人"，他们又是谁？/千禧一代、Y一代（出生于1977—1998年）/X一代（出生于1965—1976年）/婴儿潮一代（出生于1946—1964年）/成熟一代、沉默一代（出生于1933—1945年）/避免冲突/Z一代（出生于1999年以后）

第二十五章

放权：下放权力和价值，实现双赢 341

"放权？我才刚得到权力啊！"/为什么要放权？放权对你有什么好处？/谁占了上风

第二十六章

巅峰：朝着目标前进 355

实现知行合一/持续投资

给下属管理者也上上课 363
致谢 375
注释 379

按下电源按钮

多年来，我们见过很多来自世界各地、各个层级的领导者采用关爱员工这一策略，以培养忠诚可靠、踏实能干的员工和团队。尽管有人说忠诚已经消亡（这种观点并不正确），但关爱员工的领导者依然存在。这种公司的员工不会因为其他公司提供涨薪10%、有健身或按摩福利的条件而跳槽。他们热爱本职工作，喜欢所在的团队，敬重自己的老板，愿意留在目前的公司，公司也因此蓬勃发展。

并不只是拨动开关

然而，我们也见过常常留不住人才的领导者。在一些案例中，领导者将人才的选聘与保留仅与薪水高低挂钩。当经济形势较好，工作机会多，人才选择丰富时，领导者通常提供好的薪水待遇和晋升机会。在经济形势不佳时，领导者则对员工漠不关心，尽管许多人觉得——有些人甚至真的这么讲——"别抱怨啦，有工作就知足吧！"。在这些案例中，领导者没有使用关爱员工的策略。

什么是关爱员工的策略呢？简单来说，这是一种与员工相处的哲学，也是一种有效管理员工的办法。有些人指出，"关爱"一词并不被商业社会接受，但我们苦于无法找到像"关爱"一样内涵丰富的替代词。关爱员工型领导真心实意地关心、欣赏、培养员工，赏识员工的能力，了解员工的心理，尊重员工的意愿，并不断给予挑战。这种领导者坚信此为真正的领导的艺术。

相较之下，冷漠型领导经常忽视员工的感受，只要求员工按时完成工作任务、听从指挥安排。他们从不尊重员工意愿，不赏识其工作表现，不为其提供挑战性机会，对员工漠不关心。总而言之，这种领导者认为关爱员工与自己无关。

关爱员工能得到什么？

你也许会质疑，为什么要关爱员工，倾听他们的声音，与他们搞好关系？这对领导者有何用？对公司又有何用？本书所述研究及其他相关研究可以告诉你，关爱员工可更好地留住员工，并使其工作效率大增。关爱员工型领导留下来的好员工比例更大哦！当然，能积极高效工作的员工将协助老板和团队在工作中表现得更卓越。

本书的四个关键短语

读者对本书的书名《关爱员工，否则员工会离你而去：如何留住好员工》①颇有好感，但这个标题不仅是为了夺人眼球，而且能概括本书核心内容。我们来看看每个短语代表什么。

1. 关爱员工。这点很好理解，公平对待每一位员工，尊重他们，倾听他们的想法，协助他们完成自己的目标，赏识他们，给予他们有挑战性的工作，并帮助他们成长。关爱员工，才能留住好员工。

2. 员工会离你而去。员工辞职或加入对手公司，对领导者而言甚是糟糕。

3. 好员工。忠诚的员工往往比有能力的员工可靠。明星员工往往是在自己的岗位上——无论层级如何——能为公司带来价值的人。

4. 留住。鼓励好员工留在公司（哪怕你并不是这个部门的领导）。好员工往往是竞争中的决定因素。

① 这是这本书英文原版的中文直译名。——编者注

本书的研究基础

为了支持本书观点，我们在全球范围内进行了调研，采用的形式包括离职谈话、小组讨论和网络搜索。在很多机构的帮助下，我们还查阅了相关报纸、杂志和书。我们将关爱员工的理念传播给全球很多领导者，并直接或间接地了解了该理念的实际效果。

我们调研的一个主要问题是："是什么让你留下来的？"

基于上述数据分析，我们构建了 26 个管理策略，并形成了本书第一至二十六章的内容。在之前调研的基础上，我们与几十万名来自全球不同规模企业的领导者进行面谈，听取意见、提供培训、得到反馈。目前，该数据库已有 18 000 多个受访者，并还在持续更新数据，扩大研究范围，对留住员工的策略进行深入分析。

从本书能获得什么？

1. 关爱员工策略全球通用。本书提供的管理策略各地通用，但须根据当地文化、语言和个体差异进行调整。

2. 关爱员工策略不受时间影响。本书观点适用于 1999 年（当时本书首次出版），也适用于 2020 年。

3. 关爱员工策略仍然有效。在第 5 版中，我们更新了许多案例、数据和实战建议，与当代领导者的工作紧密相关。

更新的内容包括：

（1）实用的行动清单。

（2）更多留住好员工的优秀案例。

（3）失去好员工的反面案例，让人扼腕叹息。

你将收获更多全新的内容：

（1）全球领导者提供的数据、案例、文化参考。

（2）每章前设有"思考题"，介绍本章核心内容，并引发思考。

（3）书最后设有"给下属管理者也上上课"，重申为了巩固手

　　　下其他管理者留住员工的策略，领导者能做些什么。

本书前言之后的"员工留职指数"（REI）[①] 测试可帮助你选择
章节学习。

阅读建议

由于领导者对员工的实际影响巨大，这份责任应该得到充分
帮助和大力支持，本书作为一本实操手册，可协助领导者更好地
进行管理，减轻日常工作负担。在阅读本书的过程中，你可以做
以下几点。

---

① REI 的英文全称为 The Retention/Engagement Index。——译者注

1. 构建属于你的管理策略。

2. 将本书内容作为管理工作的指南。

3. 反复阅读和学习。

4. 对重点内容所在书页折角。

5. 标记与你的实际情况相关的内容。

6. 在重点章节夹书签，并将书放在你领导的桌上！

7. 亲身实践至少一个策略。不过，请先完整阅读前两章，后面的章节可根据需要有选择地阅读。

小结：将关爱员工策略纳入每日行动

关爱员工、留住员工的策略并不是开关，任你随意拨动，尤其是在近期经济发展状况不佳引起对留住人才的焦虑的形势下。只有领导者真正认识到关爱员工的重要性，并把该策略纳入每日行动反复去做，策略才会真正发挥作用。每个领导者应牢记在心，人才才是组织的核心竞争力，留住好员工至关重要。别忘了，你的竞争对手也在觊觎人才。

因此，如何做才能留住好员工，让他们对工作保持热情，发挥全部才能？如何做才能让人才心甘情愿留在公司，不受外界诱惑？本书可以告诉你。

本书的阅读方法

你是如何阅读一本书的？是从头读到尾，还是先读结论，再回到开头，或者是略读全书后，再精读你最感兴趣的章节？无论采取哪种方法，你都可以很好地阅读本书。

不过，我们还是推荐你先阅读"询问：主动倾听员工心声"和"责任：团队领导是留人的关键"这两章，因为这两章是全书的理论基础，介绍了关爱员工的策略，详细讲述了如何进行在职谈话的步骤，并引发了读者关于领导者对留住好员工的重要性的思考。

我们还推荐你花些时间审视一下自己关于管理和留住人才的观念，并完成"员工留职指数"测试，测试结果能帮助你找到最有用的章节。

你的 REI 是什么？

研究表明，通过对领导者管理员工的观念和行为进行分析，

可预测其员工是否会继续留在公司，并为领导者效力。这些分析
结果可帮助公司进行精准计划。REI 测试可通过分析你关于员工
管理的想法和理念，评估你能否留住公司人才。请试着在下面的
量表中对自己进行评估（分值为 1~4）。

1 分 = 总是

2 分 = 经常

3 分 = 有时

4 分 = 从不

你在多大程度上……		分值 （1~4）
1	认为员工应该告诉你他们的工作需求	
2	认为留住员工是 HR（人力资源部）或薪酬专家的事	
3	认为员工的职业发展与你无关	
4	认为员工理应知道你尊重他们，所以你不需要展示出来	
5	认为如果员工的工作已无挑战性，那他们应该告诉你	
6	认为员工只能一心扑在工作上，对家庭应该置之不理	
7	尽量不与员工讨论职业发展选择的问题，尤其是在并没有做好给其升职的打算时	
8	招聘员工仅注重其专业技能	
9	仅告知员工最表面的信息	
10	认为你在公司工作就是为了完成业务，不需要员工喜欢你	

（续表）

你在多大程度上……	分值 （1~4）
11　认为你工作不是为了快乐	
12　担心一旦将员工介绍给同行，员工就会被挖走	
13　认为自己没时间培训员工	
14　对人才流失的代价没有清晰的认识	
15　只喜欢储备人才，不注重让员工发掘更多工作机会	
16　觉得找到喜欢的工作只是一种奢望	
17　从未代表员工利益质疑过公司政策	
18　认为好工作本身已是奖励	
19　认为自己一旦对工作各部分失去控制，就无法顺利开展工作	
20　避免给予员工反馈，无论是正面的还是负面的	
21　认为自己没时间做一个倾听者	
22　认为员工的需求跟自己无关，从不过问	
23　认为员工的健康计划没什么用	
24　认为代沟对工作影响不大	
25　认为员工应该按你的指示做事	
26　坚信留住员工并非领导力的要素之一，不需要学习这个技能	

　　答得如何？以下建议能帮你更好地了解测试内容，评估你关爱员工的程度，并告诉你应阅读本书的哪些章节。

1. 标出得分为 1 或 2 的问题。

2. 按照问题序号阅读相应章节。

3. 在阅读中找到提高相关领域管理能力的建议。

接下来，请将每一项的分数相加得出测试总分，并看看你处于以下哪个分数段。

非常好（80~104 分）：你做得很好！你具有关爱员工的想法，并能付诸行动来留住人才。

还可以（53~79 分）：你需要注意了！你很可能会失去最好的员工。一些员工可能已经离职了。如果不想失去更多人才，你应重新审视并改善现状。

非常糟糕（26~52 分）：严重警告！你很容易失去好员工，员工只会在你这里稍做停留，然后就各奔东西。你的想法和行为只会阻碍员工继续留在公司为你效力，你亟须为之改变。

本书将协助你提高这一分数——包括自测得分及员工的每日表现得分。

当你自己的 REI 分数有了提升时，你手下优秀员工的工作满意度、工作热情及忠诚度也将随之大幅提升。

让我们马上开始吧！

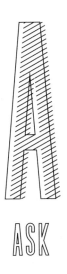

ASK

第一章

询问：
主动倾听员工心声

不要猜测让你的得力干将安心工作的原因。鼓起勇气、抽出时间主动询问你想留住的好员工。不要认为每个人的想法是一样的（例如都只想升职或加薪）。如果员工需要想想再谈，就留时间给他们，再重新安排面谈。

　　主动询问可能是本书最重要的策略，它不仅能让员工感到被器重，还能让你得到重要信息，从而采取不同行动留住好员工。

　　询问的时机、地点、方式等统统不重要，重要的是——主动询问！

思考题　你是否知道员工的真实想法？

"我该怎样做才能挽留你？"大多数领导者是什么时候问出这个问题的？答案是：在与员工进行离职谈话时。但这个时候问已经太迟了，有能力的员工这时已经"身在曹营心在汉"了。

你是否考虑过，为什么这个问题总是在离职谈话时才被提出？若早点儿进行此类谈话，情况是否会发生改变？爱惜人才的领导者会及时认真倾听员工的真实想法，并一起想办法帮助员工及时实现愿望。

在职谈话

留住人才的一个比较重要的手段就是与团队里的每位成员谈话，我们在此将其称作"在职谈话"。用好这个手段，可以帮助减少不必要的人员流失，离职谈话数量也将少很多！

在试图询问员工在职理由的时候，我们总会听到领导者的诸多抱怨："你一定是在开玩笑！""这难道不违法吗？""如果员工给我的答案并不是我想听到的，那该怎么办呢？"为什么领导者总是绕过这个核心话题？原因不外乎以下三点：

- 有的领导者担心这样做会让员工难堪，或不愿将一些想法灌输给他们（比如员工从未想过离职）。
- 有的领导者觉得，即使这样做了，也很难改变现状，而这些问题可能会在员工中引起动荡，使员工产生对领导者根本无从回答的问题和无法提出的解决方案的期待。
- 有的领导者认为自己没有与得力员工一对一面谈的时间。生产是第一位的，领导者没有多少时间倾听员工的需求，更别说主动询问了。（事实上，如果领导者都没时间与兢兢业业的员工进行谈话，那他们又哪儿有时间去选拔和培训员工？）

不要猜，主动问

不主动询问会有什么危害吗？如果仅靠猜测塔拉、迈克或阿基纳的内心所想会怎样呢？可能有时猜对了，他们对年终奖还算满意，绩效能在短期内激发他们提高对公司的忠诚度和对工作的投入度。然而，塔拉最想得到的是学习新东西的机会，迈克想在家办公——仅仅靠猜很难猜对吧？所以，不要猜，主动询问。

一声叹息

一名高级经理讲述了一个员工离职的故事。离职当天，他因员工离职而感到失落，并向该员工表达了他的不满。他先是祝福，然后说："我应该之前就做点儿什么挽留你。"他本以为该员工的直接上司了解她的真实想法，但实际上她的上司也未问过。她曾表示希望多参与公司的新项目，并希望获得帮助以实现职业发展目标。如果这个愿望实现了，她是愿意留下的。这个要求本来挺好满足的——如果经理早点儿知道就好了！

主动询问能产生积极影响。你的询问对象会觉得你在关注他，认为自己有价值、很重要。长此以往，这样做将让员工对公司更忠诚，更能积极投身于工作中。换言之，主动询问是非常有效的能留住人才的手段。

何时谈，怎么谈

何时提出，以及如何提及这个话题呢？如何提高员工回答的真实性呢？这并没有固定的模式或时间要求。在与员工进行发展讨论或职业讨论的时候，你可能就直接提出了。这个你肯定可以做到。你还可以组织一场专门会议，集中得力人才，开诚布公地了解他们的真实需求。例如，为了准备这样的会议，有的经理就给自己的得力下属发了如下这封邀请函。

邀请函

　　特邀请你参加本次会议，讨论今后的职业发展。你对公司做出了卓越的贡献，我十分欣赏。会上我们将讨论以下几个重要议题。

　　1. 你为什么愿意留在本公司？

　　2. 什么因素会使你考虑跳槽？

　　3. 工作中的哪些方面特别吸引你？

　　4. 你的才能都充分发挥了吗？

　　5. 什么因素阻碍了你的成功？

　　6. 我还能做什么来尽可能帮助你？

　　请在未来的两周内安排时间与我讨论上述议题及你想讨论的其他问题。

　　无论什么时候讨论这个话题，你都应该提前告诉员工，他们对你、对团队，甚至对整个公司都极为重要。接下来就可以了解他们的真实想法了。请仔细聆听员工的答案。

他敢于提问

　　查理约了生产经理肯在周一上午谈一谈。闲聊片刻后，查理说道："肯，你对我和整个公司都至关重要。我不知道我是否经常说得这么直接，但事实上你真的很重要。我无法想象你走了会是什么样。我很好奇，你为什么一直留在部门，什么因素可能让你离开公司呢？"

肯很吃惊，但是又很受用。他想了想，说："其实我期望的是在公司能够不断晋升，并能有机会看看高级管理层都是如何运作公司的。当然，我也希望他们能认识我。"查理接着说："今后我多带你参加高级管理层的会议，这样开始可以吗？""真是太好了。"肯说。

一周后，查理履行了自己的承诺。

四种困境下如何应对

如果你无法满足员工的需求呢？

多数经理不愿主动询问，主要是因为害怕听到两种答案：加薪和升职。他们无法满足这样的需求。那该怎么办？

若有员工提出你无法满足的需求，你可按照以下四步回应。

（1）重申员工对你的重要性。

（2）说出你的难处。

（3）让员工感受到你重视他们的需求，并表示支持他们。

（4）可以问问他们："你还有其他想法吗？"

以下的例子是假设肯向查理提出加薪要求，查理和肯之间的对话走向。

当查理问肯怎样才能让他继续留在公司时，肯提出加薪20%。这时，有的经理可能会这样说："开玩笑！你的薪水已经是这个级别最高的了。"这样答复只会让双方不欢而散，员工会觉得自己对公司并没有那么重要。相反，查理做好了回答这种问题的准备。来看看他如何运用这四步来答复有关加薪的要求。

（1）加薪是你应得的，因为你对我很重要。

（2）我很想答应你的要求，但我也得找机会。我不确定在公司削减预算的大环境下，我马上能做什么。

（3）我明白你的要求。我会抓紧研究，在下周五之前一定告诉你解决办法和可能实现加薪的时间。

（4）肯，你还有其他想法吗？

肯也许提到想认识高层管理人员，对于这个要求，查理已经能够应对得当了。

研究指出，人们除了想赚钱，还想从工作中得到更多。当被问到"还有其他想法吗"的时候，员工肯定能再提出至少一个问题。耐心倾听员工的每句话，这将涉及如何留住他们。

如果主动询问后，员工并没有想法呢？

请记住，询问不代表质问。询问应以对话形式展开，如果可行，则更应多进行几次。如果得不到反馈也没关系。很多员工会对这种形式表示讶异，并需要一些时间思考。给予他们充分的思考时间，重新安排会议，并形成动态的对话机制，以了解员工对职业发展的所思所想。留住好员工需要一个过程，不能一蹴而就。

如果员工不信任你，不表达真实感受呢？

对话其实是建立信任的手段之一。不过反过来看，信任是对话的前提。如果员工很害怕回答你提出的问题，那么在期望得到诚实的回答之前，你首先要与他们建立互相信任的关系。你需要试着找寻失信的原因，并尽量以能建立信任的方式与员工相处。你也可以向同事、人力资源专家和其他导师寻求帮助。

如果员工质疑你询问的动机，或只是笑笑说："你又看什么书了？"

你可以开诚布公。如果你对此类对话并不适应，那可能会感觉有点儿奇怪——对你和你的员工来说都是。告诉员工，你的确看了本书，或参加了有关如何留住好员工的培训。你这么做全都是因为员工对你至关重要。告诉员工，你想听他们的真心话，更想帮助他们实现愿望。你甚至深知关心员工这一策略有时会让人感到手足无措，内心不大舒服（那感觉就像穿上了一双新鞋）。这种所谓的"核心对话"是一种帮助你和你想挽留的优秀员工建立信任的最直接的途径。

行动清单

- 询问每一位员工，他们留在公司或者部门的原因是什么。
- 将每一位员工的回答记录下来，存在电脑或手机里。
- 每个月重新看看这些答案，反思一下，自己为满足员工要求做了些什么。

员工需求排名

我们调查了 18 000 余名员工，请他们讲述愿意留在公司"一段时间"（对，这是个相对的概念）的原因，并证实了盖洛普[①]、韬睿惠悦[②] 等咨询公司通过调查得出的员工留在公司最普遍的原因（以及能留住员工的方法）。这些原因适用于任何行业和层级，基本不受岗位、层级、性别、地区、年龄的影响。截至 2013 年 11 月，下列 13 个回答出现频率最高，我们按频率高低进行了排序。

[①] 盖洛普（Gallup）公司由美国著名的社会科学家乔治·盖洛普博士于 20 世纪 30 年代创立，是全球知名的民意测验和商业调查 / 咨询公司。——译者注
[②] 韬睿惠悦（Towers Watson）是一家领先的全球专业咨询服务公司，通过对员工、风险和财务的高效管理，帮助企业提升经营绩效。——译者注

1. 工作令人兴奋，有挑战性，有意义

2. 老板不错，能提供支持

3. 被认同、赏识和尊重

4. 有职业发展，能实现自我提升

5. 工作环境宽松

6. 薪酬合理

7. 工作地点近

8. 工作有保障性和稳定性

9. 能为公司的使命或产品感到自豪

10. 能与优秀的同事或客户共事

11. 工作环境有意思

12. 福利待遇良好

13. 对公司有忠诚度和投入度

参照这份列表，你的员工的回答有相似之处吗？通过询问，找到员工真正关心的需求，并因人而异地制定属于你自己的留住人才的策略吧。

若想看到完整的调查数据（包括最新的调查结果和将人口结构细分后的调查数据），请登录我们的网站（www.keepem.com），并点击"你为什么愿意在这里工作"（What Kept You）栏目。

关于薪酬

你也许已经发现，薪酬合理排在列表的第六位。我们对薪酬的理解是这样的：如果员工觉得自己的薪水不合理，不具竞争力，甚至不够养家糊口，他们会非常不满，并极有可能被猎头挖走，或直接在就业市场重新找一份薪酬更佳的工作。不过问题更在于，尽管薪水不到位容易使员工不满，但如果他们在其他方面受气，那么薪水再高也无济于事。

因此，员工在工作中感受不到挑战、成长和关心，高薪也只能在一时起作用。研究人员也不断地证实着这个观点。20 世纪 50 年代，弗雷德里克·赫茨伯格发现，薪酬只是所谓的"保健因素"，应确保其存在并时刻被关注。[1] 作为经理，你可以去影响公司的薪酬制度，确保员工薪酬合理且具有竞争力。下一步就是满足员工的其他需求了。

关于文化

文化差异在"在职谈话"中起的作用是什么？我们就这一问题在全球范围内调查了公司员工、书评人和客户等对象，得到的回答如下：

- 多数人提到，"效果在我们这儿跟在美国差不多"。

- 一位员工提到："在亚洲，主动询问可能难度更大，因为那里的文化强调尊敬长辈。当员工被问及的时候，大多数人不会说出可能对领导产生负面影响的答案。"
- 中国谚语有云："一事不知，士者之耻。"
- 有咨询公司曾指出："在讲究论资排辈的国家，比如日本或韩国，并不提倡主动询问。如果经理问下属：'你怎么看？'下属肯定会回答：'您说的都对。'"

如果员工来自这些不能接受直接询问的文化，你就得采取迂回策略了，比如填写匿名问卷或通过询问第三方得到答案。总之，你需要了解员工的真实需求，这些信息尤为重要。

行动清单

- 重新审视员工愿意留下来的原因，问问自己在哪些方面可以发挥作用。
- 考虑一下哪些需求是你可以协助满足的。若你的想法是对的，那你真的可以影响很多人（比你想象的多）!

除了问"为什么愿意留在公司工作"，还能问什么？

十年间，我们汇总了经理经常问的问题，以下是最常见的13个。

1. 你每天早起的动力是工作中的哪方面？

2. 什么事让你犯困呢？

3. 如果你中了大奖辞职了，你会挂念你的工作吗？

4. 如果你的岗位职能调整了，你会跳槽吗？

5. 如果你有一支魔法棒，可以改变部门、团队或公司的一个地方，你会怎么做？

6. 作为你的经理，我应该多做哪些事、少做哪些事？

7. 如果让你回到曾经工作的岗位一段时间，你想去哪个岗位？为什么？

8. 为了做好工作，你想学习什么？

9. 怎样做会让你觉得这一天很有意义？

10. 我应该做什么来让你对工作变得更满意？

11. 我应该做什么协助你实现职业目标？

12. 你认为自己得到赏识了吗？你想如何被认同？

13. 今年你想学习什么？

　　以上这些问题能帮助你更好地思考。你可以写一张清单，列出你最想问的问题，再按清单询问你的员工。再问一次，仔细聆听他们的回答，最终形成你自己特有的工作流程。

BUCK

第二章

责任：
团队领导是留人的关键

留住好员工的责任的确在你，但同时，也不能忽略高级管理层决策、公司规章制度、员工的态度及行为等因素的影响。我们认为，作为领导者，你还是有影响员工、留住员工的能力的。与你想留下的员工进行在职谈话，了解其需求并尽力满足，让员工感受到你关爱他们，关心他们的各种需求。对待好员工，一定要多关注、多倾听、多奖励、多关爱他们，不然他们就会离你而去。

思考题 谁该负责留住好员工？

"责任由我承担"（the buck stops here）这一警示语曾放在美国前总统杜鲁门的白宫办公桌上，并因杜鲁门而闻名。"不要推卸责任"在每种文化中各有其表达方式。它在中文里叫作"责无旁贷"，意为"不逃避责任"。

每当问起领导者如何留住好员工时，他们都会立刻回答："当然用钱啦！"研究也证实，大多数领导者真的以为用钱就可以留住好员工。这些领导者认为留住核心员工是公司高层的事，因此他们也会抱怨，公司体制或薪酬制度的问题让他们痛失人才。更有甚者认为是因为竞争太激烈，或者公司地理位置不好。反正都是别人的问题。

事实上，留住好员工与你的关系最大。无论你是什么层级的领导者（基层主管也好，项目经理也罢），你都比其他人更能留住优秀人才，因为那些能让员工满意并愿意留下辛勤工作的因素都在你的控制之中。满足了员工的这些需求，他们自然会留在团队。很多研究者一致认为，留住好员工的因素包括：富有挑战且有意

义的工作、良好的职业发展前景、合理且有竞争力的薪酬、优秀
的同事、强烈的认同感、受人尊重、有个好老板等。这些因素在
过去的 25 年间并没有什么变化。

一声叹息

> 对于我们的人才流失，我什么也做不了。薪水和福利待遇已经足够好了。我真的无能为力了。
>
> ——某零售药店经理

不，你是可以做些什么的。你与员工的关系决定着他们对公司是否满意，以及对去留的选择。请思考如下几点。

- 盖洛普的一项调查显示，75% 以上主动离职的员工可能是因为受到领导的影响。[1]
- 华信惠悦 ① 的研究表明，31% 的受访者认为，与主管或经理的关系是他们离职最主要的原因。[2]
- 世界大企业联合会在整合 12 项重点研究项目成果后指出，员工与领导者的关系，是所有离职原因中最主要的那个。[3]
- 博思艾伦咨询公司的新型领导力研究中心经研究发现，若受访者认为自己的领导特别关心员工，则有 94% 的人愿意留

---

① 华信惠悦是一家全球性且具有领导地位的管理咨询公司。——译者注

下；若受访者认为领导对员工毫不关注，则只有 43% 的人愿意留下。[4]

• 通过对 18 000 多名受访者的研究分析，笔者也认为，领导者在很大程度上可决定员工的去留。

研究结果清楚表明，领导者有不可推卸的责任。这一结论无论在哪儿都适用。如果还认为留住好员工是别人的事，那你就需要重新思考了。

> 在离职谈话中，肯说真话的员工都觉得自己最主要的离职原因是与领导不和。这个问题亟待解决，领导和员工的关系也亟待改善。但多数领导者并不认为这是自己的职责。应让领导者担起责任，努力营造并维持友好融洽的工作氛围。
>
> ——新加坡某非营利组织 CEO（首席执行官）

责任在你

成为爱护员工的领导者。惜才的好领导能帮助员工挖掘需求。并不是说你得独自承担责任，你还可以利用公司高层决议及规章制度、企业文化等来助你留住好员工，例如你可以请求公司人力资源专家的帮助。哪怕是员工自己也能发挥作用。（具体可参照笔者的另一本书《找回工作的激情》。）

不过，对员工离职原因的分析研究表明，在留住好员工的问题上，你仍然责无旁贷。

"上司对所有员工都重要，对直接下属尤为重要。这类员工与上司关系紧密，需要与上司的优缺点和怪毛病斗智斗勇。无论你是 500 强的 CEO 还是餐厅的主厨，你能否与下属打成一片，决定着你能否成功。"

BAE 系统公司 CEO 琳达·哈德森曾是美国通用动力公司首位女董事长，刚开始任职，她就深谙这一理念。自她工作起，办公室里的女职工纷纷效仿她戴围巾的模样。哈德森回忆道："自那时起，我真正认识到，我如此受关注，作为领导者在为工作环境奠定基调。这一课使我终生难忘。作为领导者，你永远无法从其他角色中获取人们对你的这种注视。"哈德森还提到，这种来自员工的关注和与之俱来的责任，"是我每天都要思考的事"。[5]

行动清单

- 以"在职谈话"为始。在谈话中了解员工的目标和对工作的看法（喜欢什么或厌恶什么）。谈话不局限于一次，每天、每周甚至每月都抽时间谈谈（一定要认真聆听）。与你想留下的人才建立真正的关系。

- 成立"一声叹息研究院"，与近期离职的员工谈谈，了解离职原因。在离职过程中，你发挥了什么作用？如何做才能避免再次出现此类情况？
- 仔细想想，是否有"潜在"的离职者。抓紧与其谈话，尽快了解他们的需求。
- 不打无准备之仗。先问问自己："我能创造怎样的工作环境？"找到实现途径后，朝着目标不断前进。

员工离职后

员工离职没什么，找到替代的人选就行了！你也许可以找人代替他们，但是你考虑过成本吗？多数专家表示，再找员工需要花费之前员工年薪的两倍。如果要找人替代"白金员工"（拥有特殊才能的员工），更需付出相当于之前员工年薪的 4~5 倍的成本。

即使你不差钱，找到合适的替代人选也是一大难题。

你以为只有 1999 年是招工困难的一年？事实上，这一年仅是未来招工困难的一个前奏。接下来，我们将面临人才短缺的五年。

——杰弗里·泰勒，求职网站 Monster 创始人

人口学家和职场专家却不认同这一说法。未来的几十年间，

人才将会短缺还是富足？填补人才缺口的因素，例如全球化、技术进步、退休年龄推迟、外来移民等，越来越多、越来越复杂，因此也有人认为，水晶球占卜都比专家的话靠谱。

现在我们仅知，人才市场在不断变化中，在很多领域，有能力的员工并不多，无法满足目前的工作缺口，更难支撑经济发展。你可以了解一下你所在领域的现状：有能力的人才是否充足？若核心员工离职，能否及时填补空缺？你所在的行业、地区或业务领域是否已经产生了人才缺口？

管理人才资产

多数人都有需要自己管理的资产，需要对资产保障和资产增长负责。而在今天，你最重要的资产是人才，而非其他财产。人才能为公司带来竞争力，无论人才市场如何变化，你都需要做到最好。

你是否应对选拔和培养人才负责？一位 CEO 说，他曾因为不必要的人才流失损失了 3 万美元。责任确实该由他承担。

我们并不是要责备领导者，不让他们放手员工升迁或换个环境学习新东西。公司不可避免地会流失一些追寻自己职业理想的人才。但是，我们也建议，好的领导者应为员工营造良好的工作氛围，让其感到被关心、受到激励、得到奖励。

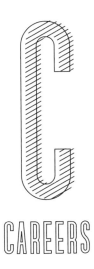

CAREERS

第三章

职业：
支持员工实现理想

员工都有相似之处：希望有人关心他们的职业发展。这个人就是你。只有你可以让员工留下来高效地工作。你应该帮助员工根据个人想法规划职业发展路径，这样好员工才会继续留在公司内部，并且不断发展和成长。

思考题 你在帮助员工实现理想，还是妨碍他们成长？

我们和全球其他研究机构都发现，是否有职业发展机会是员工能否留下并做出贡献最主要的原因之一。

> 在亚洲，你必须给员工提供足够的发展机会，不然人才都会离开。人才不会选择与自己的发展目标不匹配的公司。薪酬往往不是最主要的吸引因素，发展机会才是。
>
> ——世界大企业联合会亚太地区人才和多样化委员会成员

然而事实是怎样的呢？多数领导者纷纷避免谈论职业发展问题，害怕就此打开了潘多拉的魔盒。但领导者越这么做，人才就流失得越快——人和心都已不在。

以下哪些是你不愿意展开此类话题的原因？

- 别说我，又有谁能预测未来？
- 时机不对。

- 我尚未准备充分。

- 我不知道该说什么。

- 公司刚经历调整，个人的职业发展过段时间再说。

- 这个话题展开后，我不知道如何收尾。

- 对部门以外的情况不了解，无法提供建议。

- 我不想因为给不了员工想要的而遭到指责。

- 我为什么要帮助员工？都没人帮助我。

　　其实员工只想与领导者面对面谈谈能力、选择和对工作的看法，并不期待你立即给出建议，你只要倾听即可。这类对话的开展十分重要。

　　与员工讨论职业规划是一件耗费时间和精力的工作。一开始，你可以优先找表达过对职业发展感到焦虑的员工或工作表现不佳的员工一一谈话。你的努力一定能在提高生产力和挽留员工方面收到成效。

　　把这类谈话当作你工作中的额外收获，会怎么样呢？

　　　　当我看到部门中拥有卓越才能的员工们时，我觉得我得不遗余力地帮助他们发展得越来越好。我很荣幸能帮助他们进步。他们进步了，我很欣慰，因为我也付出了努力。

　　　　　　　　　　　　　　　　　　——某大型医疗公司外科服务部门主管

以下五个步骤有助于人才队伍建设，可帮助员工找到适合自己的发展路线。[1]

第一步：深入了解员工。

第二步：表达你的想法。

第三步：讨论发展方向。

第四步：寻找多种选择。

第五步：重新制订行动计划。

第一步：深入了解员工

在职谈话主要旨在收集员工资料，让你更好地了解他们。对员工而言，谈论自己的能力、价值观和兴趣爱好并不总是很容易的事。有的员工认为这样有自吹自擂之嫌，也有人担心如果说自己的职业目标与现有工作差别过大，会显得自己对公司不忠诚。（尤其在亚洲，很多领导者反映，由于社会文化要求人们忠诚、谦逊，所以领导者不容易听到员工对职业发展的真实想法。）

这一步是通过询问，了解每个员工独有的能力、价值观、兴趣爱好等，你在谈话过程中一定要仔细倾听，就像做调查一样。观察并询问，以求了解更多信息。

行动清单

以下问题是你在谈话中用得到的。通过员工的回答，深入挖掘更多信息。

- 你觉得在公司中，自己的哪一方面最独特？
- 描述一件你做过的让你特别满意的工作。
- 你认为工作中什么价值观最重要？在现有工作中，哪些价值观得到了体现？哪些没有？
- 假设可以自己选择团队成员、信息、工具等资源，你认为哪种组合让你最满意？原因是什么？

在谈话中对所有内容保持好奇。准备一些开放问题（避免问答案只能为"是"或"否"的问题），从中你可以对员工的想法形成更深入的认识。有些员工因为从未被领导问过这些问题，难免在刚开始时不太适应，你得保持耐心。

第二步：表达你的想法

你应帮助员工认真审视他们的口碑，了解同事对他们的看法，并思考需要进步的方向。你需要定期给予员工意见和反馈。

你还记得上次给员工的工作表现进行评价是什么时候的事吗？这些评价大多只针对员工过去的表现，并与员工的工资挂钩。而发展反馈与之不同，它是对员工今后的发展走向提供的建议。

员工一般想听到的是具体的、有针对性的发展建议。你也可介绍公司内部其他人员，对员工的未来发展做出更实际的规划安排，帮助员工驶入成长的快车道。同时，发展反馈不仅要反馈正面信息，也要对员工没做到位的地方进行纠正。

行动清单

以下问题是你在谈话中用得到的。

- 哪种反馈意见对你最有帮助？它能否助你做出改变？你是怎么将其用在工作中的？
- 你想在哪些方面多得到一些反馈？我能如何帮助你更好地完成工作？
- 团队价值中，你觉得哪些最重要？你是如何发现的？根据反馈建议，你认为你的哪些能力有待提高？

在谈话过程中，如果遇到员工因为自己能力有局限性，其职业发展目标与实际脱节的情况，你该怎么办？我们发现，反馈不真实会造成目标不合理。因此，员工不断地向我们表示，他们想与领导者直接沟通。如果想留住好员工，那就和他们面对面地沟通吧。

第三步：讨论发展方向

你可以通过鼓励员工看向部门之外，积极寻找可能影响未来职业发展的变化因素，来选择发展方向。你应多思考公司发展的可能性和局限性，以及行业发展需要的能力，并将这些想法分享给员工。让员工了解公司未来的发展道路——哪怕可能发展得不太顺畅——对员工而言是一种尊重。

一声叹息

> 莉诺曾是我们公司需要的人才。她很年轻，希望用她的技术和管理技能为公司服务，也希望开发业务。事实上，她已经为公司带来了生意。后来，她打算跳槽，因为她听说公司体制会发生变动，但并不知道这对自己意味着什么。莉诺说，她的第一任主管很会带员工，但是最近调来的经理对她的职业发展不闻不问。鉴于此，听到公司会发生变动的消息没多久，莉诺就决定去一家小型创业公司。她很清楚，这家公司最吸引她的并不是薪酬或福利，而是关心员工职业发展、让她放心留下的好主管。莉诺的离职谈话持续了一个半小时。我问她是否会重新考虑一下，她坚决地摇了摇头。
>
> ——某人力资源部经理

显然，要是在职谈话做得好，莉诺就不用再找其他工作机会了。

行动清单

扪心自问，你的员工是否知道以下这些领域的发展趋势？

- 将会严重影响公司发展的重大政经政策变动、技术发展和社会变化等

- 公司面临的机遇和挑战

- 行业中变化最大的领域

- 未来 2~5 年，自己的岗位会有什么变化

- 在公司中怎么做才能被定义为成功

- 通过哪些途径（网络、商业性出版物、期刊、公司简报等）能了解行业变化的信息

- 新的工作机会（例如海外派遣、公司内部拓展的新岗位等）

你并不需要独自完成全部工作。例如，你可以让团队成员每人研究一个领域，并在下次例会上集体讨论，但你仍需要让每个成员都提前了解公司的发展现状。你还可以引入团队外成员分享第三方看法，为员工打开思路，了解公司的核心业务需求。你最近这么做了吗？

第四步：寻找多种选择

让员工不仅做好本职工作，而且考虑更多的职业发展目标。当员工开始根据行业需求和组织战略需要思考自己潜在的发展目标时，人人都是赢家。

请注意！员工依然是自己职业道路上的主角。上述建议并不

是让你告诉员工应该做什么，而是提供可能的选项，让他们自行思考和分析。

　　给员工提供更多的机会很重要，但往往有难度。在传统印象中，人们只接受职业道路径直向上（很多文化和公司都相信这一点）。但其实，员工还有至少五条其他的发展路径可选，你可以帮助员工考虑如下可能性。

- 横向调动（工作调动，但层级不变）
- 拓展工作领域（需要询问员工："还可以做什么？"）
- 丰富工作内容（为现有工作提供更多的学习和成长机会）
- 进行工作调动（与其他领域的职业需求匹配）
- 寻求工作机会（如果工作实在无法与个人能力、兴趣和价值观匹配，那就离职吧）

　　通过你的帮助，员工可基于个人兴趣、价值观和能力发掘更多的可能性。员工发掘的可能性越多，对他们而言就越好。如果员工只有单一目标，那么一旦实现这个目标的过程受挫，他们就会毅然离职。

行动清单

帮助员工回答下列有一定难度的问题。

- 　对公司目前的战略计划是否了解？这些信息能否帮助你选择

多个职业目标？

- 你如何才能得到这些信息？

- 在进行职业选择时，是否考虑过各种可能的发展方向？

- 你的选择是否在各种情况下都可行？

- 你是否应该考虑多个发展可能？

- 你的职业目标与公司的计划和目标是否一致？

当你帮助员工审视他们的职业选择时，你会发现，很多选择都没有经过深思熟虑。这时员工才能意识到，其实可以更好地管理自己的职业发展路径。

第五步：重新制订行动计划

重新制订行动计划可提升行动力。通过审视前述的所有步骤来制定最佳职业发展目标，并修订实现各目标的计划。哪怕其中某个目标实现不了，其他的计划也会有序推进。

你可以帮助员工发现阻碍实现目标的问题，并集思广益，寻找解决办法。在这个过程中，帮助他们梳理已拥有的能力，并使这些能力最大化。

> 领导者应该都听说过，成为一名成功的乐队指挥的关键在于发掘每个人的潜能并花时间培养。[2]

行动清单

询问下列问题，答案即可形成一份行动计划。

- 为实现目标，你想获得哪些能力？
- 为实现目标，你已具有哪些能力？
- 为实现目标，你已有哪些人脉？还能拓展哪些人脉？
- 为解决你发现的问题，我应该提供哪些培训？
- 哪些岗位变动可帮助你更好地实现目标？

请记住，你应该帮助员工发掘个人能力，发现成长机会，积累必要知识。你无须为他们制订计划，而要支持他们做出自己的计划。

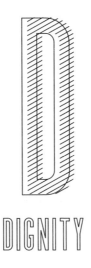

DIGNITY

第四章

尊重：
挖掘特质，表达尊重

尊重他人表面上十分简单，只是表明一种态度而已。尊重他人的核心是态度和认识，也是行为和表现。审视你对多样性的认识，并修正你的行为。倾听员工的需求并及时回应——并且表达你的尊重。

思考题 你是如何向员工表达尊重的？

　　员工是如何评价自己的领导的？聪明、能干、驱动力强、精力充沛，还是重视结果、要求高、与其共事愉快？就像领导得接受员工的一些行为一样，员工也得接受领导。领导不需要多么完美，但求尽力而为。

　　好员工最不能接受的就是领导不尊重自己。留住好员工最重要的是发掘每个员工的特质，并不断地、真诚地向其表达尊重。

一声叹息

　　我们失去了团队中最优秀的律师助理。大家在工作中都很依赖她，她离开的决定让大家都很吃惊。在与她进行的离职谈话中，她提到薪水之类的并不是她决定跳槽的原因。真正的原因是她受不了终日努力工作却不被尊重：过去6个月的绩效和涨薪申请都被忽略；她想加入律师协会的申请6周以来一直放在领导的桌子上，无人问津；她想参加一个公开论坛的请求被拒绝，理由是她无法从工作中抽身。她的辛苦工作带来的成绩并没有受到肯定和感谢，反而经常遭到老板的吐槽和批评。最终，因没有受到尊重和重视却被利用和贬低，她决定离开公司。这下，所有人都傻眼了。

——某知名律师事务所律师

上述事例在你的公司内部发生过吗？是否有人因为类似的原因而离职呢？

审视差异和偏见

尊重他人，需要首先了解人与人之间的差异。无法想象，如果团队中的每个人都一模一样，该多么无趣。大多数人都同意，人才多样性可产生不同的观点，提高团队凝聚力，从而使团队取得更好的成绩。不过，坦率地说，多样性也带来了阻碍。实际上，人们不太欢迎差异，而是一味忍耐。

位于洛杉矶的"宽容博物馆"（The Museum of Tolerance）有其独特的迎客之道。当参观人群聚集在大厅时，导游并不急于让参观者进入，而是让他们在等待室稍做等待。导游说："在你们面前有两扇大门，一扇写着'有偏见'，一扇写着'无偏见'，你可以任选一扇进入。"参观的人们选了好久，最终，有个男人勇敢地站出来，去拧那扇写着"无偏见"的大门的把手。有些人也跟了过去，剩下的人则在原地观望。只见他拧了拧把手，面露疑惑之色，然后红着脸跟人们说，门是锁着的。于是，所有人只能从"有偏见"大门进入。

——沙伦·乔丹-埃文斯

你会选哪扇大门呢？发现门是锁着的，你会有什么反应？我们需要认真审视偏见，审视每个人都有的倾向性。在选拔、培训、提拔、奖励和惩罚员工的过程中，领导者都有倾向性（调查表明，人们都喜欢雇用跟自己相似的人）。你如果尝试记录一下自己的倾向性，就会发现，倾向性的影响非常大。

"宽容博物馆"是基于人人都有偏见这个设定而建的，人们需要考虑的是如何应对偏见。你可以认真审视自己的想法。对于和你完全不同的人，你是怎样表达尊重的？你认可他的工作吗？你希望他留下吗？

领导者必须具备跨文化交流的能力，因为在 21 世纪的今天，他们需要和全世界不同国籍、不同文化的人共同工作，需要更好地理解他们、和他们对话、和他们合作、高效地管理他们。既要表示尊重，又不能被取代。这就是当下的文化挑战。

——理查德·刘易斯，《文化的冲突与共融》的作者

行动清单

1.分析你的观点，看看你对以下方面的不同有接近还是远离
   的倾向性。

- 肤色

- 社会地位

- 受教育程度

- 身高、体重

- 头衔

- 口音

- 地域出身

- 学习方式

- 性格特征

- 管理层级

- 宗教信仰

- 教育背景

- 工会隶属关系

- 工作习惯

- 年龄

- 工作职能

- 性别

- 生活方式

- 性取向

- 能力
- ＿＿＿＿＿＿＿＿（如有其他，请列举）
- ＿＿＿＿＿＿＿＿（如有其他，请列举）

2. 在上面的列表中增加你的倾向性。你倾向于接近或远离什么？

3. 审视你的倾向性对工作有什么影响。比如你最不想给谁升职？平时你会忽略谁，跟谁关系不太好，加薪时会忘记谁？你最认可谁说的话？

4. 了解每个员工的个性。可利用一天时间，鼓励员工介绍自己，比如成长经历、如何度过节假日等。

5. 利用员工的多样性。咨询师罗斯福·托马斯认为多样性是"充分利用人才的最佳手段"。[1] 在管理中尽可能多地利用和认可员工的优点和才能。

6. 尝试改变。试着做到一视同仁和公平公正，尽量避免像从前那样区别对待。你的改变，员工看得见。

当人们认识到多样性时，他们的第一反应往往是忽视多样性，以此作为改变看法的努力。事实上，尊重多样性并不是强迫你改变现有看法，而只会帮助你更好地留住好员工。

人们并不是天生就带有偏见的，你的 DNA（脱氧核糖核酸）里没有写入偏见的基因，DNA 测试也无法判断谁带有偏见。偏见是一种逐步习得的思维方式，它根植于恐惧，并慢慢增强。正因为如此，人们也可以避免和削弱偏见的影响。这样，人们就不用担心偏颇的观念影响职业发展，尤其是在日益多样化的职场环境中。

——桑德拉·西德曼

管理好情绪

尊重他人往往也需要管理好自己的情绪。你是否和那种情绪变化无常的人共事过？这类人一时情绪高昂，一时情绪低落。尽管作为人，情绪变化很正常，但作为一名成年人，管理好自己的情绪很重要，这意味着不会伤害他人。这种情绪波动很大的现象一般叫作情绪化。这类人的情绪经常不受控制，遇事会突然大发雷霆，将情绪发泄到员工（或家人）身上，后果只能是难堪、羞愧、伤害、愤怒和丢脸。

行动清单

- 如果你发现自己容易情绪化，那就尽量控制情绪并做好记录。遇到困难时，尽量独处。回到自己的办公室，休息片刻。
- 如果你对谁发过火，就向他/她道歉。犯错是不可避免的，道歉是最好的补救方式。这也能表达你的尊重。
- 如果你认为自己的情绪化问题很严重，则可以寻求专家或公司员工咨询服务项目的帮助。

交恶都是过去时了，友善才是将来时。[2]

无视员工？

我的前任老板从来没跟我打过招呼。他经常从我身旁
走过，就当我不存在。但是，他会主动和每一位副总打招呼。
而我的现任老板尊重每一位员工。她虽职位高，但会认真对
待每个下属。我喜欢和她工作。

——某银行柜员

谈到员工离职的原因时，我们经常能听到的一个原因是领导
无视员工的存在。可能你只是在认真思考问题，并未注意到员工
从你身旁走过，但他们会注意这一点，并因此觉得被有意无视了。

请注意：在不同文化背景下，表达尊重的方式大不相同。亚
洲员工说，领导不会在走廊里跟他们打招呼，因为这不是他们的
文化传统，所以员工不会觉得不受尊重。不过，若领导能主动打
招呼，那他在员工内心的评价会非常高！

行动清单

- 关注每位员工。记得在遇到他们时主动打招呼，并叫出每个
  人的名字。
- 与员工微笑、握手、打招呼，将他们介绍给其他人，尤其是
  高级管理层。员工会受宠若惊，认为自己十分受重视。

信任与忠诚

有人说，信任是赠予，也有人说，信任需索取，还有些人
不相信任何人。英特尔公司总裁安迪·格鲁夫写过一本书，名为
《只有偏执狂才能生存》，标题很好，但是执行起来并不容易。

众所周知，当你信任员工，交付其重要工作，赋予其重要职
责，并允许他们按照自己的方式做事时，绝大多数人能感受到这
份信任，会认为自己受到了尊重。一旦这份信任不在了，员工就
会认为他们未被尊重和重视。当另有好机会敲门时，他们当然会
毫不犹豫地弃你而去。

如果你还有疑虑，请设想一下，你的老板非常信赖你，任
你发展，并放心地与你分享信息，让你管理资产，你会有什么感
受？你会对老板和公司继续保持忠诚吗？

一声叹息

他一点儿都不信任员工，总觉得员工对他不利，结果

都是他自以为是。我们肯定值得他的信任，但在他无孔不入地管理我们，都快变成监视我们之后，我们甚至有了负罪感，只能将工作时间的每分每秒和日常开支的每毫每厘都记录在案。这种方式实在是太伤自尊了，最终整个团队都决定跳槽，换一个信任我们的老板。

——某工程公司主管

多希望这位领导能够信任团队成员。员工们并不想伤害他，只是想做好本职工作。信任员工是对他们莫大的尊重。

九成员工认为，工作成功的关键，在于领导的信任。[3]

行动清单

- 审视自己对他人的信任程度。你是将信任作为赠予之物，还是认为在信任他人前，须先得到别人的信任？
- 信任自己的员工，表达这份信任，做出行动，且这份信任须出自真心。可向员工授权，多让他们独立开展一些工作。

公平决策

好员工只会离开无法做出公平判断的领导者，在他们心中，不公平就意味着不尊重。请审视你的沟通及行动方式。员工是如何看待你做出的决策和变动的？这些对他们是公平的吗？你是否尊重员工的意见，认真对待其反应？如果上述都未做到，那你理所当然留不住好员工。

> 永远做正确的事。这将使大多数人感到满意，其余的人则会感到震惊。

——马克·吐温

设身处地

领导总是日理万机，难以接近。除非天塌下来了，否则无法吸引领导的注意力。但是员工总有请求：第一个员工周一请假，希望周五能早点儿下班去看孩子的棒球比赛；第二个员工希望你准许他去参加两个月后的业内会议；第三个员工的妻子患了重病，生命垂危。这种情况下，你该怎么办？理想状态下，你应该立即回复这三个员工。

然而，大多数领导只会告诉前两个员工，他会很快回复，但是从此再无消息。自此，员工会认为自己受到忽视，要么继续请假，要么就当没请过假（但内心深处并没忘记）。那第三个员工的诉求呢？领导往往也是什么都没做。尊重员工意味着能设身处地地关心每个员工的生活困境和遇到的问题。

我母亲住在 1 000 英里①以外，被癌症的病痛折磨着。这使我无心工作，一心只想陪在母亲身边。老板将我叫到办公室，让我多花时间陪伴母亲走过最后的日子，这让我永生难忘。我感到老板非常重视和尊重我，这也使我对公司更加忠诚。

——某咨询公司秘书

行动清单

- 倾听员工的需求，它哪怕对你来说微不足道，对员工而言也是十分重要的。
- 回应员工越快越好，别让员工再次提醒你。
- 在员工遇到困难的时候，竭尽所能帮助他们。员工会投桃报李的。

---

① 1 英里约为 1.61 千米。——编者注

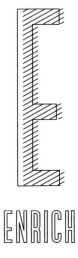

ENRICH

第五章

激活:
为员工注入活力

帮助员工丰富工作的可能性，有利于个人、团队和公司的发展。时刻留意好的学习机会，鼓励员工多渠道提升自己的工作能力，重拾"心潮澎湃"的工作状态。

思考题 *你的员工是否不得不辞职去学习新鲜事物？*

在职谈话中有一个问题："你今年的学习计划是什么？"这说明每个好员工都热衷于终身学习。暂时无升职加薪计划时，领导者可通过给员工提供学习机会来充实工作，打发空闲时间，并向学到新技能的员工委以新任。提供学习机会是挽留员工的强大工具。

工作热情消失

随着工作的时间变长，你的"心潮澎湃"是否会变成"心如死灰"？每天充满挑战的新鲜生活是否会变得一成不变？你是否觉得仿佛丢失了什么？你是否感到缺乏活力？你是否考虑过这一切变化的原因？

事实上，你最喜爱的员工最容易失去工作满足感。这类员工想法独特、创造力强、自我驱动力强，并且充满活力，他们需要挑战性很强的工作，可以帮助个人成长和发展的机会，以及与公司举措之间的贡献性关系。

员工一旦发现公司无法提供这些，就会觉得公司发展平台太小，很容易考虑离职，或者消极怠工（这更糟糕）。这种消极怠工属于"身在曹营心在汉"，表现形式为经常旷工、工作状态低迷。他们总会说"那又如何呢？"，并继续减少付出。

离职和消极怠工两种形式，都会使你失去赖以发展的好员工。这种损失本可以避免。

一声叹息

我做目前的工作内容已经 7 年了，正好赶上公司拓展新的发展领域。我向老板提出我想学习新的业务知识，可用来日后拓展工作内容。我不确定新知识是否有用，但我想让我一成不变的日常工作变得新鲜有趣。没想到，我提出想法后，老板只简略地答复："新领域有新团队在跟进，你做好自己的本职工作就行。"我知道我们的谈话继续不了了。六个月后，我离开了公司。

——某保险公司理赔员

充实工作

充实工作是指改变员工的工作内容及方式，在此过程中一定涉及学习。充实工作可帮助员工在现有的工作岗位中成长、寻找挑战、获得新生。内容不断充实的工作具有以下几个特点。

- 员工有足够大的创新空间产生好点子。

- 员工能更好地实现个人及团队目标。

- 员工能够看到努力对完成项目的实际价值。

- 拓展员工的知识储备和工作能力。

- 允许员工发挥"工匠精神"，让员工爱上自己的工作。

> 正如李维斯可以为每个在线购物者提供合身的牛仔裤，一份工作也可以完美符合员工的目标和需求。
>
> ——戴维·尤里奇和戴维·斯特姆

充实工作如此重要，为什么不把它作为职位标准的一部分呢？原因很简单：不同员工对充实的感受是截然不同的。对被一成不变的工作折磨的考特妮来说，她更期待工作任务的多样性。对马科斯来说，他受够了做审计工作时被人指手画脚，期待能教会其他同事如何做。对于索菲亚，她目前开发的电脑软件已经满足上级的要求，她期待能多花时间开发一款供同事使用的软件。如何满足不同员工的需求，定制符合每个人的充实工作计划？当然是主动询问每个人的意见！

行动清单

以下问题可帮助员工找到充实工作的最佳途径。

- 你觉得你工作的哪些方面对公司很重要？

- 你在工作中使用了哪些技能？哪些技能是你擅长，但在工作中却没用到的？
- 工作中的哪些方面有挑战和正向反馈？哪些方面没有？
- 你期望将自己的工作拓展至哪些领域？
- 未来 3~5 年，你想做什么？
- 你期望如何改变自己的工作？

  这些问题可帮助员工分析工作现状，找到充实工作的突破口，并且问题的答案一定因人而异。

学习任务

上文提到，学习是充实工作的核心。现在，让我们一起探索学习是怎样为员工的工作带来生机的。

老板问谢尔盖下一年度的学习计划，谢尔盖答道："我希望提高沟通技能。"老板给予肯定，并通过如下三个步骤助其完成了目标。

第一步：细致观摩。 老板邀请了一位谈判专家供谢尔盖观摩，之后对谢尔盖观摩和学习到的技巧进行讨论，有对比才有发现。

第二步：有针对性地参与。 老板给谢尔盖提供有针对性的谈判场景——如在与供应商谈判前进行致辞——让他进行沟通练习，意在让其在出席这种场合时不会惊慌失措。会议结束后，他们又分析练习情况，讨论哪些方面做得好，哪些方面有待改进。

第三步：核心职能。老板交代谢尔盖参与某项目核心事务，其中涉及大量沟通工作。谢尔盖与供应商进行沟通期间，每一步都是可衡量的。老板只在一旁观察，除非谢尔盖要求帮助，否则绝不插手。

这些步骤很有效。一年后，谢尔盖进步飞速，继续在成为公司沟通专家的路上努力着。

注意！

这些步骤都是学习任务的重要环节。

多样化提升

充实工作的基础即不断学习，不过充实工作的方式可以是多样化的。主动询问员工，他们最想充实的工作内容及方式是什么。以下策略能帮助你更好地向员工提供合适的充实方式。

- 组建团队。个人团队具有自主决定权，能向团队成员按需分配工作。这样，成员能学习更多知识，实现多样化成长，参与更多的项目。

- 接触客户。举例来说，软件公司检修工程师并不是只会解决问题，而可能更清楚真实用户的需求。让检修人员参与客户服务部门的工作，主动接触客户。你会惊奇地发现，竟然有这么多员工都没见过客户。

- 进行轮岗。新的工作职能可以激发员工的进取心，学习新的技能，挖掘更多潜能。轮岗会不会造成混乱？向员工提出你的想法，也听听他们对自己身份的理解，你会发现，这一切其实都很顺畅。

- 增加反馈。除了年度汇报，还应增加反馈意见的机会，让员工多听听来自同事和客户的声音。员工希望得到工作评价，这种反馈能使他们更好地管理自己的工作能力。

- 员工参与决策。员工参与预算、招聘、工作计划等对工作有影响的事项的决策，能激发工作动力，赋予他们宏观视角，发掘工作的真正意义所在。

- 培养创造力。原始创造力当下极为罕见。若员工不为自身利益考虑，那么他很难产生富有创意的点子，只会无精打采地循规蹈矩。作为领导者，你可以奖励创新，亦可给予员工足够的空间和资源用于创新，还可通过让他们参与新项目，不断学习，来激发他们的创新潜能。

- 分享专长。对很多人而言，能够将技能传授给他人也是很好的激励手段。只要员工愿意分享自己的专长，你就一定要支持。
- 提供培训机会。德国法律明确规定，职工拥有五天培训假，叫作假日学习。其实，除了以上这种法律规定的情况，培训与员工的工作其实并不直接相关。很多国家并无相关法律，但通过学习提升工作能力是所有机构及其领导者可以不断探索和追求的目标。

行动清单

- 向员工普及这些充实工作的想法，鼓励其列出自己的发展目标，并从中挑选两三个最期望达到的。在努力实现目标前，需完成下面的"目标可行性测试"。对这些问题的回答能帮助员工选择最佳的目标去实现。

目标可行性测试

如果你选择该目标……

1. 你想从中获得什么？
- 该目标能提高你的能力吗？
- 该目标能提升你的职业价值吗？

- 该目标能提升你的专业口碑吗？
- 该目标能增强你的工作自信吗？
- 该目标能拓展你的人脉吗？
- 该目标能激励你做日常工作吗？

2. 你的团队能从中获得什么？

- 该目标能提高团队协作效率吗？
- 该目标能增加你对团队的贡献吗？
- 该目标能提高团队成员的生活质量和幸福感吗？

3. 你所在的公司能从中获得什么？

- 该目标能提升你对公司的价值吗？
- 该目标对公司的战略和目标有何影响？
- 该目标是如何契合公司的商业需求的？

注意！

"你想从中获得什么？"是最核心的、最长的一组问题，这是我们特意设置的。

你无须给出每个问题的答案，这是一个与员工合作完成的过程。但归根结底，在你的支持下（这是一定的），员工都需为提升工作满意度做出改变。因此，我们出版的另一本书《找回工作的激情》致力于解决这个问题。

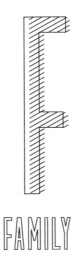

FAMILY

第六章

家庭：
让工作与家庭和睦相处

好员工会离开忽略员工家庭生活的公司。

本章的部分观点也许会让你觉得不舒服。如果你认为家庭友好型公司只是允许员工偶尔打几个私人电话，那你需要认真学习本章内容。关爱员工家庭能提高员工的忠诚度、节约成本、提高工作效率、提升公司竞争力等，这些都是为公司带来的好处。请成为关爱员工家庭的领导者，这样才能留住好员工。

思考题 你的员工必须在家庭和工作中做出抉择吗？

　　员工离职的主要原因之一是教条的公司规定导致其无法承受生活压力。一旦家庭生活出现问题，员工是否会选择离职？答案是肯定的。近年来，商业杂志花费大量笔墨宣传适应家庭生活的公司文化的重要性，但它的内涵是什么呢？

　　员工向往的公司氛围，是那种能够平衡工作和生活需求的环境，而非必须二者取其一。至少从现在开始，不重视员工家庭的公司留住好员工的概率会变得越来越小。

　　关心员工家庭生活的公司具备以下特点，员工按照这些特点，不难找到具备这种文化的公司。

- 建有儿童托管设施，或发放相应的补助。
- 实行弹性工作制。
- 实行工作分担。
- 可远程办公。
- 养老关怀（例如内部推荐计划）。

- 灵活延长和调整员工产假及陪产假。

英明的领导者能给予员工足够的自由，让其决定自己的工作时间、地点和方式。员工一方面可保持高效的工作，另一方面必须对自己的工作负责。

你供职的公司如果已有这样的优越制度，那你应该感到高兴。如果没有，那你有两个选择。一是建立制度。在参考其他公司政策的基础上，向上级领导或人力资源部门提出建议。拭目以待，你的建议是否会被公司采纳。二是成为一个关心员工家庭生活的领导者，改变自己的行为。曾有 CEO 告知员工上午 9 点以后再开例会，因为他每天早上要与妻子散步，此举向员工发出的信号是：工作与家庭两不误是再好不过的事情。

作为领导者，你应该尽可能地支持员工工作以外的生活，这样员工会加倍努力地工作。

询问家庭的意义

"家庭"一词意味着什么？答案可能因人而异。有些人能立刻勾勒出一幅画，画中有爸爸妈妈和孩子。有些人会画一对新婚夫妇，或独自照料年老父亲的单身汉，抑或是大家族聚会的场面。在美国，X 一代 ① 会把自己的宠物狗也纳入家人的范围，但亚洲

---

① X 一代指出生于 20 世纪 60 年代中期至 70 年代末的一代人。——编者注

人很少这么做。

关心员工家庭生活的策略不可能满足方方面面的要求，但必须考虑到员工不同的家庭背景，并找到相应的适应这些背景的方法。请记住，获得此类信息的唯一正确的途径就是询问员工本人。

行动清单

• 询问员工一个问题："如何做可以使你的生活更加舒适？"在答案中找寻可能帮得到你的方面。你还可以与员工开展头脑风暴，寻找解决工作和生活难题的创造性手段。

创造灵活空间

如果公司政策对员工家庭并不友好，那你可能会觉得束手束脚。其实你自己可以做很多事来关心团队成员的家庭生活。当员工在工作和生活之间徘徊不定时，你作为领导的行动（无论是主动关心还是不闻不问）会对员工产生极大的影响。事实上，这些行动对你和公司而言都很简单易行。

一声叹息

厄尼最近饱受工作和生活的折磨。他的妻子也有工作，他们还有个六个月大的宝宝。厄尼希望帮妻子分担养育孩子的工作，决定灵活调整一下自己的工作时间，抽空去幼儿园接孩子放学或带她去看医生。尽管他的工作效率一直很高，绩效也很好，但出勤时间下降了（从原来的每周工作 55 个小时降至 45 个小时），并且不怎么稳定。厄尼的老板让他依旧按照之前的工作节奏工作，没有商量的余地。他想向老板解释苦衷，但老板总是没时间也没耐心。两个月后，厄尼跳槽去了一家家庭友好型公司，他在那里可以自行调整工作日程表。

厄尼的老板失去了有价值的员工，而找另一个来替代的话，代价会很大，原因只是他没有聆听员工需求，未创造关爱员工的公司氛围。总之，一成不变使他损失惨重。

下次再有员工因家庭原因向你告假，你一定要灵活决策，准假也没什么损失。这会影响工作效率吗？会造成不好的影响吗？会让员工开始利用你吗？

最可能发生的是员工赞扬老板的开明，因为你能在员工需要帮助时雪中送炭。不过请记住，对员工的业绩要有清晰的规划，并严格按照计划行事，这样你们才有灵活工作的空间。你的这些举措会得到回报。瑞士联邦技术研究所的一项研究表明，工作灵活度越高，员工对公司就越忠诚，工作就越努力。[1]

关心员工个人生活

一些领导者错误地认为，自己应该与员工的个人生活分隔开来。

实际上，如果你表示对员工的个人生活感兴趣，你就能获得更多。

> 上高中的女儿马上要在学校进行第一次唱歌表演了，我很兴奋。她一直在学习声乐，唱歌越来越好听，这次是她表现的绝好机会。表演在下午一点开始，她将在全校动员大会上清唱国歌。我向老板请假观礼，老板很爽快地答应了。后来发生的事让我更感激：等我带着女儿表演的视频回公司，老板先问了我演出怎么样，还希望我播放女儿的视频给他看。这一微不足道的举动却让我十分感动。我很自豪地播放了女儿的视频，老板对其大加赞赏，我非常高兴。那天老板的确给予我很多支持。
>
> ——某制造公司前台接待员

有些领导者在这方面做得非常出色。我们选取了一些举措并列举如下。阅读时，可仔细选出对你的团队或公司有用的措施。

- 允许员工在特殊日子或有特殊需求时带小孩一起上班。
- 员工有家人过世时，去家里看望员工及其家人。
- 与员工一起参加孩子的比赛或演出。
- 邀请员工及其家人共进午餐。
- 允许员工带乖巧的宠物上班。
- 和员工一起为孩子制作万圣节服装。

- 帮助有年老父母的员工寻找合适的养老机构。
- 为员工家人准备生日蛋糕和贺卡。
- 在公司内网上设置关于员工孩子的专属邮件和资源专区。
- 为员工提供有用的资源，例如为与人寿保险公司有纠纷的员工提供法律援助。

以下是公司为员工提供支持的优秀事例：

　　每当人们问起我在公司工作 27 年的原因时，我都会给他们讲这个故事：当我怀第一个孩子时（现在他已经 24 岁了），我身体很不好，遵医嘱卧床休息。两周后，我忍受不了卧床的生活，重返工作。公司领导打电话给我，不让我坐地铁通勤，早晚都派人开车接送我。从那时起，我就决定一生都在这家公司工作了。

——某广告公司董事长兼 CEO

创新工作手段

　　"我们从未这么做过。""公司政策不支持。""如果我允许这么做，那我无法和上司交代。"这些借口通常是领导者用来搪塞的理由，他们不清楚自己有能力争取公司对员工家庭的更多支持。实际上，绝大多数的公司制度的确有很多限制，你只能"戴着枷锁跳舞"，但为了员工的权益，你可以采取一些创新的手段解决问题，工作分担就是其中一个例子。

> 公司内部没有工作分担制度。公司政策是很久之前制定的，一直延续到现在。在我有了孩子后，我和另一个主管向老板申请能否分担现有工作。由于我们的工作等级高，对公司十分重要，刚开始分担工作时，大家都很担心，但老板果断同意用 6 个月进行尝试。那已经是 12 年前的事了，现在工作分担进行得很顺利。老板的聪明才智和灵活操作帮助我们更好地平衡了事业与家庭的关系，大家都十分感动，对公司更加忠诚了。
>
> ——某公用事业公司经理

行动清单

领导者亦可采取以下策略与员工和谐共处，看看哪条适合你。

- 如果员工必须周末出差，可采取一些调整措施，例如调休或允许家人与其一同出行。
- 如果员工在出差地有亲友，给予其一定的聚会时间。
- 如果公司严令禁止带宠物上班，可以组织周末聚会，让大家带着宠物前来。
- 每年给予员工一次特殊假期，或者允许员工在生日或纪念日当天提前下班。

- 组织聚会，邀请员工和家人一同参加，共享美食。员工可以带上小孩（对于年幼的孩子，聘请专门的保姆照看）。
- 如果员工申请在家办公，可以考虑这种方式的可能性。权衡利弊后，创造性地找到使雇用双方都受益的方式。
- 尝试补贴员工家中的上网费用，比起带给公司的效益，这点儿费用不算什么，还可以鼓励员工在家高效办公。

创新的最好手段是协作。请经常与员工展开头脑风暴，分享更多好点子，寻求半衡事业与家庭的最佳办法。当然，这些办法需要依照员工的不同需求及时调整。

> 早期的公司仅希望员工一心一意扑在事业上，为不断提升公司的效益而工作。如今，越来越多的公司根据员工的要求开始调整公司目标，员工不仅要在公司表现出色，还要家庭和睦美满。能够平衡事业与家庭的关系已经开始取代对工作的痴迷，越来越成为公司内部和个人的价值取向。[2]

另一种平衡

时代不同，说法也改变了。当你阅读本书时，这种平衡已经改为融合，即工作与生活相互交织，或与更多的因素融为一体。无论怎么讲，领导者需要做的就是帮助人才实现工作、生活两不误。

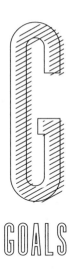

GOALS

第七章

目标：
增加"向上"之外的可选项

帮助员工实现目标通常意味着帮助他们考虑以前可能没有认真考虑过的变动。本章设置的问题是为了让员工明白，变动不仅仅是一味"向上"，还有其他的可选项。领导者为员工创造的可选项越多，留住好员工的机会就越大。

需要注意的是，员工流失的其中一个原因就是领导者只顾着把好员工据为己有，却没有给予员工足够的发展空间。员工的岗位变动可能只是你团队的小损失，但相当于你为公司留住了人才。

思考题 晋升是唯一的职业发展道路吗？晋升机会是稀缺资源吗？

你快被眼前繁多的目标压得喘不过气了——自己的绩效目标，员工的工作目标，每人各自的人生目标、财务目标、锻炼目标、信仰目标、收支目标等，甚至还有减重目标。

本书主要分析与职业发展相关的目标。当然，在职业发展过程中制定你自己的学习、成长和成功目标是很有意义的。不过，你是否手把手帮助过你看重的员工制定他们的目标呢？这样的目标能够帮助他们迅速成长并长期留在公司。

员工想晋升？

某天，员工找你谈话，措辞如下，你心里是否会咯噔一下？

- 我想找你谈谈我的职业规划。
- 我想知道我的职业发展有哪些选项。

- 我想谈谈我目前的发展前景。
- 我不明白他凭什么升迁。我觉得能升迁的应该是我⋯⋯
- 只有晋升才能让我觉得在公司被重视。

感受到这份心惊胆战了吗？这是人之常情。你格外重视的员工肯定是在现有岗位表现出色，并且想进一步发展的人才。他们可能会接到猎头的电话。他们想成为项日主管。这时他们焦急地在你的办公室等候，希望与你讨论晋升的可能性。你肯定想留住人才，但晋升的机会是有限的。

可能有些人因此离职。但是通过 20 年的调研，我们发现，并不是所有希望纵向晋升的人都会因为得不到机会而离开公司。但是，如果缺乏成长空间，这些员工就一定会离开公司（身心都会离开）。在晋升机会稀缺的情况下，你应该怎么做呢？

用"向前"代替"向上"

是否存在其他职业发展路径，能给予员工挑战和奖励？除了晋升，员工还期望其他的发展可能吗？

你可以通过帮助员工找到更多的发展机会来留住人才，这样员工能清晰地认识到在公司的发展前景，从而考虑留下来。

我自认为可以晋升，但实际上好像并没有位置留给我。

因此，老板给了我一个来西雅图工作的机会。自那以后，我在西雅图已工作五年。虽然我刚开始不是很适应，但是新岗位带给我很多挑战，促使我迅速成长，这是我意想不到的。现在的这一切比留在都柏林升职给我的感觉还要好。

　　　　　　　　　　　　　　　——来自都柏林的微软公司某程序员

正确的时间，正确的地点，正确的人

人力资源专家和管理者经常重复这句名言，但要做到很不容易。这里有个值得思考的误区：正确的地点是否唯一？正确的人出现的正确的时间是否唯一？

我们认为，除了升迁，团队内部还有四种可能的变动形式，如果能够将这些可能性都清晰列出，我们相信员工不会 "吃着碗里的，看着锅里的"。请与员工仔细讨论每一种变动的可能性。

职业发展的其他选项

- 充实工作：获得成长
- 横向移动：跨部门变动
- 探索：临时转岗，寻找可能性
- 重组：为了新机会向下移动

你可能已经发现，除了充实工作，其余三个选项都可能让员工离开团队。你会像大多数人一样感到不安，认为目前团队能力优秀，运转良好，这样一来核心成员就可能转去其他团队或部门，有的领导者甚至会千方百计留住员工，拒绝给予新机会。可笑的是，越这样做，员工就会越焦急地离开团队，去竞争对手那里。

那为什么要冒着员工离开的风险，还给他们提供更多的发展选择呢？这里有几个理由。

- 人们喜欢关心下属职业发展的好领导，会在公司内部工作更长时间。
- 帮助公司留住人才，这应该是你的职责。
- 你将获得好领导的美名，并且吸引更多人才。
- 帮助别人发展，你也会很有成就感。

充实工作

这可能是最重要的一个选项，也是最容易被忽略的。人们往往认为，要获得发展，就必须离开现在的岗位。这种说法也没错，不过，随着时间的流逝，每个岗位的职责都会发生变化。充实工作意味着员工的工作内容和方式在发生变化，充实的过程即学习的过程。

请认真思考这个问题：为了提高工作积极性，更好地实现工作目标，员工应该学习什么内容？

> 我是一名项目经理，我的老板非常好，只是我们都清楚，我的能力胜任目前的岗位绰绰有余。我的绘画能力很强，我的老板也看到了这一点。她送我去绘图培训学校学习，并让我在工作中实践新技能。我太开心了。
>
> ——某项目经理

确保员工能理解你的初衷，充实工作可以助其提高工作能力，也有利于日后升迁。

行动清单

请依照以下问题询问你的员工，了解他们需要怎样的提升机会。

- 你最喜欢工作中的哪一点？
- 做出什么改进，能让你对目前的工作更满意？
- 你认为哪些工作内容会让你获得进步？
- 目前工作中有哪些工作属于常规内容？这些内容应该交给谁去做更好？

了解这些新信息后，和员工共同制订更有利于实现个人目标的工作规划吧。

横向移动

长期以来，人们认为，横向移动一定是条死胡同。但现在大家不应该这么想，其实横向移动带来的是丰富的经验积累和职业目标的有效达成。

随着 IBM（国际商业机器公司）不断跨领域发展，员工可在不同部门间灵活移动。事实上，已有员工先后在 IBM 的 Daksh 分公司、研究实验室、全球技术服务部门工作过。这种变动在管理的各个层级都可以发生。公司鼓励优秀员工每两三年进行一次部门调动，这种策略也有效减轻了员工对工作的倦怠。[1]

横向移动意味着，尽管层级不变，但员工可将已有经验运用到新岗位中，并接受全新的挑战。这个方法可帮助员工提高工作能力，或从经营不佳的部门转到其他发展势头良好的部门。

行动清单

请依照以下问题询问员工，了解他们需要怎样的横向移动机会。

- 你还有其他技能可应用在工作中吗？
- 横向移动能给你带来什么样的长期的职业发展机会？

- 列举你可以应用到其他工作中的 3 个技能。
- 其他部门的哪些地方吸引你？

了解了这些答案，你就可以与员工讨论横向移动的可能性了。

探索

探索未知的道路也是不可避免的，人们经常会遇到不知道自己想要什么或不知道选择什么、怎样选择的时候。我们需要各种信息去分析其他选项的可行性。在员工做出决定之前，建议他们进行以下尝试。

- 在公司其他部门或其他办公地点短期工作。
- 与其他项目组成员合作。
- 找时间与员工期望的岗位上的现有成员面谈，了解岗位的详细信息。

给优秀员工提供了解其他工作可能性的机会并非易事，但这样员工就不会觉得被现有岗位束缚。通过比较，也许他能更清晰地认识到目前岗位的优势。

行动清单

请询问员工以下关于探索的问题。

- 公司内部还有哪些领域比较吸引你？
- 如果给你一次重新选择职业的机会，你想做点儿什么不一样的？
- 目前公司的哪个团队更吸引？哪个团队可能让你对公司有不同的认识？
- 你希望更多地了解哪方面的工作？

接下来，讨论一下回答中的隐含之意。你的员工真的可能有跳槽的打算呢！

重组

过去，大家普遍认可"升职是唯一出路"，所以没几个人能接受职务降级。不过有时倒退一步是为了更好地前进。重组可以帮助减轻工作压力，让员工作为个人贡献者重返舞台，发挥真正的实力。

一声叹息

有一位技术工程师被提拔为经理。起初，因为工作跟技术内容关联紧密，手下的员工也表现得很好，他非常喜欢这份工作。但时间一长，他需要把更多的精力放在管理上，开始为增加业务东奔西走，还得应付办公室政治。他发现自己犯了个错误，并希望重新回到技术岗位上。这时他的能力已经远远高于原岗位的需求，他也希望能和新的硬件开发团队合作。于是他向上司承认了错误，要求调岗。但老板拒绝了申请，希望他多花点儿时间学习管理技巧。最终，他只好跳槽到竞争对手公司，还是做技术工程师，这才是他最想要的。

领导者没有很好地与员工沟通关于重组的可能性，导致公司失去了一名好员工。

行动清单

请询问员工以下关于重组的问题。

- 如果有机会在其他领域工作，你想得到怎样的成长和发展？
- 如果有重组的机会，你的哪些优势能够应用到工作中？
- 你会放不下之前自己亲力亲为的技术工作吗？

通过回答以上问题，你的员工可能会有全新的思考。请帮助他们看清重组的利弊。

如果只有"向上"这一条路

有时"向上"可能是唯一的选择，因为公司内部习惯的发展路线只有晋升。在这种情况下，你应与员工认真沟通，发掘他们渴望晋升的想法。一般来说，当员工的能力符合一个管理者的要求时，他升迁的可能性很大。你能做的就是及时关注公司的发展动向，并给予员工必要的指导，为其今后的工作发展和晋升机会做好准备。

当然，优秀的业务能力和丰富的管理经验是升职过程中的关键要素。再优秀的员工在漫漫职场路上也需要反馈意见和持续指导。请记得提醒员工以下两个关键点。

- 努力做好手头工作，为升职持续做准备。
- 与期望岗位的现任员工进行交谈，更好地认识和了解期望岗位的全部方面。

行动清单

请询问员工以下关于晋升的问题。

- 谁是你升职的有力竞争者？竞争者有哪些优势和劣势？
- 你去年的工作表现如何？你为升职做了哪些准备？
- 公司为什么要给你升职？
- 如果你升职了，你将对哪些方面感到满意？你在哪些方面会有困扰？

表7.1　选择多多益善

可选项	如果你的员工……
横向移动	期望在新领域积累经验或提升技能 期望去发展更快的领域或与新的团队开展工作
充实工作	期望找到更合适的岗位 期望有所改变 期望在工作中应用新技能
晋升	期望承担更多的责任，获得更大的权力
探索	对工作和发展路线不是很确定
重组	期望减轻工作压力 期望从管理层回到一线业务部门 期望更改职业发展路线

　　读完本章后，有一位管理者告诉我："看起来询问员工的问题还挺多！这些关于职业发展的问题，不应该是员工主动来问我的吗？"的确，员工也应该这么做，但实际上并不是这样的。员工只会默默地努力工作，等待你提出这些职业发展的选择，否则他们将离开公司。另一个亚洲员工也说："这里的员工通常不会主动谈论自己的职业发展规划，因为这意味着不忠于现任老板。"在拉丁美洲也有同样的问题，员工被动等待领导者关心自己的职业发展。

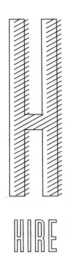

HIRE

第八章

招聘：
选择合适的人才

好的领导者也是好的雇主。优秀人才总是需要领导的支持。在招聘方面，合适是最重要的。人才对公司和团队最合适，你才会想尽办法留住他们。此外，请牢记"重新雇用"你的核心员工，否则当竞争对手挖走他们时，你的心血都会付诸东流。

思考题 你招聘员工的"合格率"是多少？哪些人会成为团队中的"明星员工"，能最大化发挥才能，为团队带来效益？

人们常说，"不打无准备之仗"。最好的招聘结果当然是你费尽心思招录进来的人的确是这个岗位的不二人选，而该员工也愿意尽心尽力工作。这样才能真正留住人才。

要想留住好员工，应从招聘环节就对员工表示关爱，因为招到合适的员工才能大大提高留住好员工的可能性。领导者应对什么样的员工适合公司有清晰的认知，这样说没错吧？然而实际上，很多领导者对招聘环节并不上心，对每个岗位的关键点知之甚少，也不认真通过面试评估求职者的能力和水平，只是草草做决定。很多时候，领导者都不愿意参加招聘，而将这些工作统统交给人力资源部门完成。

随着婴儿潮一代①逐渐离开职场，招聘成为领导者最重要的日常工作之一，你需要找到人才来填补这些空位。招聘不失为一种留

---

① 婴儿潮一代在美国指 1946 年年初至 1964 年年底出生的人。——编者注

住员工的好方法，在任何国家都适用。只要有岗位，就需要招聘。今天，你甚至需要"重新雇用"你最好的员工，可见招聘有多重要。

什么是合适的人才

怎么评判求职者是否合适？如何公正地进行评判，做出客观的选择？以下内容将给出解答。

合适的标准

合适的人才即符合公司的价值观，具有公司需要的能力，并愿意在公司工作的人。

> 西南航空公司希望招聘符合公司文化的飞行员。一名面试者向我们描述了选拔全过程。他之前听说，该公司的招聘原则是"态度先行，入职后再培训技能"，后来的面试也基本上遵循了这个原则。层层面试过后，他发现比起飞行经验，面试官更看重人，并充分基于面试者的言行，分析其今后在工作中与乘客或团队成员的关系、处理问题的能力和最终诉求。面试官还经常测试面试者的幽默感，由此他认识到，西南航空的确是在寻找与公司文化匹配的员工。

为什么西南航空如此看重员工，尤其是飞行员的幽默感？因为西南航空的公司文化里包含"提供一流的客舱服务"和"享受工作"。

合适的人才也意味着在岗位需求和求职者的能力及兴趣之间找寻匹配点。你是否经常遇到由于能力和兴趣与岗位不匹配而不得不离职（无论是主动辞职还是被开除）的员工？领导者在招聘时为什么没有发现问题？如何避免这一成本颇高的问题？接下来，轮到你思考了：你到底需要怎样的人才？

行动清单

- 分析岗位。从他人处获取岗位信息，主要包括工作内容、岗位特点和工作方式等。设计面试问题来帮助你分析求职者是否适合该岗位（详见后续案例分析）。

- 精心准备面试问题，为面试做指导。对求职者行为方式的观察能够帮助领导者深入了解求职者处理特定状况的能力，也能分析出其能否处理好今后遇到的同类问题。对每位求职者都使用一套试题，让他们公平竞争（后续有典型案例分析）。

- 邀请他人参与面试。邀请求职者未来的团队成员或同事参与面试过程，并给予建议（他们提出的问题可能与你提出的截然不同），"众人拾柴火焰高"同样适用于招聘。

- 利用性格和能力测试帮你做决策。咨询人力资源部门，利用有效的工具测试求职者的能力、兴趣和价值观。不过，不要仅依赖一种工具就轻易做出决策。

寻找合适的人才

　　拉梅什是一家跨国科技公司的经理，最近瑞士分公司有一个销售部门主管的岗位空缺。在网上和报纸上刊登了招聘广告后，拉梅什收到了一堆简历，并和人力资源部的同事一起从中选出了十位候选人。单从简历来看，这十个人的技术和能力都十分适合这个岗位。

　　拉梅什很聪明，招聘经验十分丰富。在之前招到的员工中，有些人的工作表现非常出色，有些人却不尽如人意，但每个人的简历都很漂亮。因此，这次拉梅什下定决心要招到那个最适合该岗位的人！他仔细分析了他们部门的核心价值，例如诚实正直、富有团队精神、贴近客户需求、能很好地平衡工作和生活等。

　　一个好的领导者应能够激励下属、建立团队及处理不确定性。拉梅什深知，这个岗位需要具备以上这些能力的人才。因此，他精心准备了以下四个面试问题。

　　（1）假设让你完全诚实地处理一件事，不考虑完全诚实带来的潜在风险和弊端，你会怎么做？

　　（2）假设上司布置任务不清楚且形势正在发生变化，你会如何处理这个问题？

　　（3）简述你是如何在团队成员不愿做某事时劝说他们去做的。

　　（4）简述你最近一次的变动以及你觉得这次变动最难的地方。

　　这些问题看上去很难回答，实际上也的确有难度。可以想象，拉梅什利用这些问题和求职者进行了深入交流，在这个过程中，求职者的真实情况逐渐显现，拉梅什可根据这些线索挑选符合部门价值观和领导力素质的人选。问题都是开放性的，不能简单地用"是"或"不是"来回答。这些问题能反映一个人的行为模式，迫使求职者不得不展现自己在职场的真实一面。

　　拉梅什将面试过程中求职者建设性的回答和他突发奇想的问题一一记下。当然，他问的问题主要是为了评估面试者的专业水平。面试结束后，他将所有面试官的记录一一进行比较，并核对评分，确保在接下来的面试中不会有问题出现。

　　拉梅什将求职者按 1~5 分进行评分，1 为缺乏专业技术，5 为能力水平很高。主要的评分要素包括：

- 技术能力（包括语言能力）
- 领导力
- 价值观

评分时，他会一边翻记录，一边考虑以下几个因素：

- 求职者是否诚恳
- 求职者是否对该岗位有兴趣和热情
- 求职者的能力水平是否符合该岗位的要求

在实际情况中，并没有完全客观公正的面试，但拉梅什的这一方法能尽量帮助他做出最客观的选择。最终，他招到了他认为最符合岗位标准的人才。

不过，这一轮面试中如果没有符合标准的求职者，拉梅什就会开始新一轮面试，因为他吸取了之前的教训，即招聘一个平庸的员工其实会对公司造成巨大的损失。

避免急功近利式招聘

关爱型领导更在意找到最合适的员工，更在意员工及团队的长远利益和满意度。

我们在亚洲的很多同事反映，在飞速发展的经济大浪潮下，亚洲国家，尤其是中国、新加坡、印度的公司都希望尽快招到人才。当岗位急需人才，但是候选人寥寥无几时，很多人就会莫名开始"救火式"招聘，这是十分危险的。如果你在面试中只强调求职者"什么时候能到岗"或者"只要是个人就来工作吧"（基本上等于能喘气的都能来），那你会给自己带来麻烦。

如果你只想敷衍了事而进行这种招聘，请牢记：今天的错误是明天噩梦的开端！摆脱一个能力不达标的员工可是很困难的。（有人建议我们再给本书写一本姊妹篇，名字就叫"关爱型领导得学会如何摆脱笨蛋"，这个建议我们已经采纳了！）

求职者也在选择

> 某求职者受到很多公司青睐，当被问起会选择哪家公司时，他说："我当然选择将我放在首位，听取我的想法和意见的公司。"

请注意，现在优秀的求职者都准备得十分充分，并且选择范围很广。想象一下，他们在头脑中（或手机里）会画一张如下的表格，帮助他们回答面试中的问题、客观分析机会，并在各公司间进行横向比较。[1]

我的需求（求职者）	意向公司	意向公司的竞争对手	其他工作
薪资			
奖金			
团队			
地理位置			
培训			
创新能力			
假期			
晋升空间			

在面试过程中，你也要对公司和团队进行宣传，多强调面试者关心的上述因素。应以对待客户的方式对待面试者，而不能仅

把他们当成下属。仔细分析自己的团队能给求职者提供哪些条件，并用生动的例子告知。无论你要用什么样的宣传手段，请记得在面试过程中选好时机多加宣传。

不过，请不要过度宣传，因为太高的期待反而会使员工由于失望而离职。只要招聘过程是公正、公开的，员工就不会轻易离开。

一声叹息

有好几次，我只在公司工作三个多月就离职了，部分是因为实际的工作内容并没有面试时说的那么有趣，挑战性不强。其中最糟糕的一点是，面试官告诉我，工作涉及的一个系统非常有意思，但等我到岗后和同事聊起来，我才发现这个系统其实不怎么具有技术性，仅仅是个数据输入网站。

还有一次，本来我是要参与软件开发，事实上我却去了产品支持部门。后来，3个月的合同到期后，不等公司挽留我，我就毅然决定不续签合同。

现在我再也不相信面试时用人单位对岗位的描述了。但除了问些问题，我也不知道能做什么了。

——某软件工程师

行动清单

- 实事求是地对公司进行宣传。公司的独特魅力和吸引人之处
  在哪里？

- 关心求职者的需求，并对一切可能性持开放态度。举个例子：
  某公司为招到最好的人才，特意更改了岗位名称。

- 在面试桌上摆放本书，求职者会从中得到暗示——人才对你
  们公司来说是至关重要的。你还可以将本书递给求职者，让
  他们从 26 章中选出自己最关注的内容。

抛开假定的偏见

如果"合适人选"被解释成"和上司一样的人"、"年龄合适
的人"、"长相和身材符合要求的人"、"性别合适的人"或"种族
合适的人"怎么办？这种情况理应避免。在很多情况下，公司所
谓的"合适人选"是和上司一模一样的人，这种合适和本书提到
的合适完全不是一回事。事实上，当你找到岗位需要的核心能力，
并以此为标准找寻人才时，你基本不会和合适人选擦肩而过。

每个人都有偏见，并会在此基础上做出一系列假定。你可以
测试一下你对合适人选有哪些偏见。根据下列情况扪心自问："我
是否这样想过？"对自己一定要百分之百诚实，内心的答案是不
用告诉任何人的！

留住好员工

假定性测试

假定：雇用单身妈妈的风险很大，因为如果孩子病了，她们就得经常请假。

实际情况：单身妈妈最需要工作来养家糊口。她们拥有极佳的灵活性，能够处理紧急事务，在孩子生病时总能做出两三个备选计划。事实上，创造性领导力研究中心（Center for Creative Leadership）报告，根据克拉克大学的一项研究，有小孩能提升员工的管理能力（不过请记住，询问求职者是不是单身父母或是否有小孩是不合法的）。[2]

假定：肥胖人士因为不方便出差，所以不能胜任该工作。

实际情况：体重超重的人当然可以胜任一份工作，无论需不需要出差。美国法律认为肥胖属于残疾的一种，因而受《美国残疾人法案》保护。这意味着你还得为能胜任工作的面试者提供住所。

假定：这份工作不适合他，因为他年纪太大或太小。

实际情况：年龄有什么关系？建筑大师弗兰克·劳埃德·赖特和心脏外科医生迈克尔·德贝基在 90 岁高龄时都还是各自领域的佼佼者。

假定：因为这个岗位太具挑战性，所以我们只招男性，女性无法胜任。

实际情况：工作能力是由品格、技能、行为和经验等一系列因素组成的，不应带有任何性格色彩（也就是说性格不会影响工作能力）。

假定：某种出身的人不适合此岗位。

实际情况：如果你具有跨文化的工作背景，你就会明白一个人的出身与能否融入环境并无关系。想想你自己在语言或文化差异过大的环境中适应得很好的经历。

一旦发觉你对求职者的性别、身材、口音、服装或肤色等产生假定时，请回到最初设定的关键判断标准和判定方法上来，以免选拔不够公正。

注意！

若有机会参与全球招聘活动，你就能更好地了解自己、公司和招聘需求。以下为一名招聘人员的亲身经历。感谢里维埃拉咨询公司（Riviera Advisors）的杰里米·埃斯基纳齐的分享。

一名有儒家文化背景的求职者来面试亚洲总部的一个重要岗位。让我感到震惊的是，这名求职者脸上有一枚长着长毛的大痣，小指的指甲也留得很长。说实话，我从来没见过谁是这种形象，也不明白这种形象的意义。为什么不把痣上的长毛和指甲修理干净呢？我咨询了另一个面试官，他说："脸上有痣能带给你好运，痣上长毛说明运气更佳。小指的指甲长对男人来说很普遍，这说明他们不用做重活儿。"了解这些文化后，我对求职者的印象有了明显的改观。

你也快点儿开始做假定性测试吧！

避免员工"闪离"

员工入职的头 3~6 个月是离职高风险期，原因是领导者只关注招到合适的人才，却忽略了给予人才开始全新工作的支持。帮助每一名新入职的员工是十分必要的。

对员工的入职培训和持续支持也是人才培养过程中不可或缺的要素，对提高员工业绩和团队贡献具有重要意义。进入一个全新的环境时，新人对一切都保持好奇，并且精力旺盛。有效利用这些资源，可最大限度地发挥新人的潜力，大幅提高生产力。

众所周知，一些快速离职的员工是可以挽留的。员工快速离职和你的做法是有直接关系的（对，又是和你相关的）。与员工建立和谐关系，随时展现关爱员工的一面，先从和新员工沟通做起吧！

再说说建立关系

与员工建立和谐的关系，员工留下来的概率会更大。在新人入职的头两周，可以与其共进午餐，通过以下几个问题，了解他们的需求。

- 你希望从我这里得到怎样的帮助和支持？哪些资源是你已经获得，但是并不需要的？

- 你和团队其他成员相处得如何？你希望我怎样向团队介绍你？是否有同事一起相约吃午餐？是否有同事愿意在工作上向你提供帮助？

再说说岗位

员工加入公司最主要的原因是他们对工作本身感兴趣。入职后，员工是否在心仪的岗位上？如果岗位的工作内容和你许诺的不太一样，请尽力消除这种差距。从员工入职开始就经常检查这些方面，以下几个问题可以帮助你。

- 岗位与对员工的许诺一致吗？哪里出现了差距，以及如何弥补？
- 哪些兴趣点亟待发掘？什么时候发掘，是现在还是以后？

再说说公司

你精心招聘的员工已经入职了。他们会对公司、团队和同事感到好奇吗？在员工刚入职时，首先向其询问以下几个问题。

- 工作节奏和安排是否适合你？有什么地方需要调整？
- 与前一任雇主相比，现公司有什么相同或不同之处？哪些是你依旧怀念的？哪些无关紧要？
- 如何帮助你获得想要的资源？我们希望你在这儿能工作愉快。

是的，这些谈话都需要你花费大量时间和精力，不过的确能有效地避免员工快速离职。

行动清单

- 经常与公司新人见见面：第一周的频率为每天一次，第一个月为每周一次，第一个季度为每两周一次，接下来的时间争取每个月一次。与新员工建立并保持良好的关系。
- 与公司新人（以及其他员工）交流对未来发展的想法。应明确说明对每个员工的期待，并让员工也发表想法，以此帮助员工理解手头工作与公司战略的密切关系。
- 在新人入职前就将其介绍给其他同事。人们在入职前很容易被其他工作机会吸引。
- 对新人进行入职培训，让其了解公司架构和运营方式。在讲解过程中，多运用讲故事、分享经历等方式形容公司的历史文化。
- 邀请公司的核心员工参加入职培训。让员工多接触公司的各个层面。
- 成为员工的导师，或为员工聘请导师，为新工作答疑解惑。
- 仔细观察员工的表现——他们喜欢什么？哪些工作做起来比较容易，哪些比较困难，还需要继续学习？
- 制订学习计划，让员工感到工作充满挑战。
- 经常问员工各种问题——这是必须保持的！

对新入职的员工而言，一切都是未知和不确定的，在这个阶段一定要给予其必需的支持和帮助。换言之，你应帮助他们顺利开展工作，并告诉他们，你一直在他们身后。

> 玛塔第一天上班，发现办公桌上摆满了饼干和芝士蛋糕。很多同事都上前主动和她打招呼并自我介绍，欢迎她来公司上班。玛塔的老板认为这是新人与其他同事认识的最好途径——早上 10 点前就可以搞定了。

在欢迎新员工这件事上，请充分发挥你的创造力！

重新雇用

在大张旗鼓招聘新员工的同时，也可做点儿另外的工作——"重新雇用"现任员工。新员工肯定是最完美的，会吸引所有人的目光（他们的缺点还没浮出水面）。只要招聘过程完美，新员工就一定是闪耀的新星。这时，你的老员工会感到被忽视和冷落，甚至会有人觉得公司只会关心新员工。要想避免这些问题，你就需要"重新雇用"老员工，尤其是在招聘新员工期间，让他们再次受到重视，感到被关爱。

> 如果最好的员工都留不住，那你也不优秀。

INFORMATION

第九章

信息：
尽量多与员工分享信息

信息相当于职场货币，如何获取和分享信息将对好员工的去留产生重大影响。进入核心圈，并带员工一起进去。这都是帮助你留住好员工的策略。

思考题 你掌握着信息吗？你是否会与员工分享信息？

在如今的信息时代，新兴企业生存的唯一目标就是获得想要的信息，这也导致人们对获取、分享和积累信息的态度发生了巨大转变。

> 网络从根本上改变了雇主与员工的关系。没有人能够隐藏信息，大家的沟通都是公开透明的。当今的领导者不能靠垄断信息获得权威，而需要靠智慧。
>
> ——杰克·韦尔奇，美国通用电气公司前首席执行官

杰克·韦尔奇的预言已经实现了。

不分享信息有什么后果呢？

首先，没有充足的信息，你将一事无成，你的员工也一样。

其次，好员工的身心都会离你而去——也许目前相安无事，但他们早晚会有其他更好的选择。

分享的价值

小时候，获取独家新闻是一件很酷的事，如果得到了别的孩子不知道的消息，我们就会觉得自己很重要。如果说信息就是权威，那么缺少信息就相当于被排挤到圈外，失去了话语权。人们都希望自己的上司在公司有权威和影响力，回忆一下你的工作经历，你应该也曾希望自己的老板在公司内部不被排挤，有影响力。你手下的员工也一样，他们也喜欢有权威的老板，更期望老板能带领他们一起进入圈子内部。如果你与他们分享信息，他们的价值就会得到体现。

沉默让员工恐慌

在剧烈变动时期与员工分享信息比平日更关键。相关案例不胜枚举：有的高层管理者在公司发生变动期间（例如裁员、合并、并购等）向员工封锁了信息；有的中层管理者害怕失去权威而控制信息。的确，有些信息不能公布，但如果控制了信息，可能会有哪些后果呢？

领导者是这样想的	员工是这样想的
公布信息的时机还不成熟。	沉默意味着事情不妙。
消息太耸人听闻了，还是等等再公开吧。	他们要将公司搬到巴拿马了！
如果告诉他们，工作效率就下降了。	公司要完蛋了，我去哪儿找下家呢？

　　领导者控制信息的初衷是平复人心，避免不必要的言论影响公司业绩。可笑的是，这样做却事与愿违。领导者的沉默激起了员工的顾虑和恐慌，大家纷纷给自己找后路，公司业绩至此一落千丈。

　　相反，如果高层管理者尽早将信息诚实地宣布，并要求下级管理者们尽快将消息传达给员工，员工会感到被尊重，公司生产力也不会遭受重创。

　　此外，分享信息的另一个意义是，员工可能会向公司给予力所能及的帮助。以下某大医院的例子可以说明。

　　这家医院有一项规定：裁员不减少岗位。多年来，医院严格遵守这项规定，哪怕是在与别的医院合并之后。很多年前，医院面临着 20 万美元的赤字，这项规定接受着考验。管理层公布消息，并向员工求援。不到一天，医院收到员工的 4 000 多份节流方案，并且员工自发组织了 16 个小组帮医院出谋划策。大多数建议集中在减少采购开支方面，也有人提出暂停加薪和控制带薪休假开支。到年末时，医院顺利地集齐了资金。

毫无保留还是只字不提？

　　关爱型领导者倾向于开诚布公地分享信息。不过，应该公开多少信息呢？

一般来说，这与公司文化和管理风格息息相关。例如斯普林菲尔德再造公司创始人杰克·斯塔克的管理理念是极为开放透明的，其著作《伟大的商业游戏》《伟大的商业文化》力挺的"开卷式管理"①，也成为很多成功企业的理论和实践来源。他指出："在理想的公司内部，每个人每天都在讲实话。这并不是因为诚实，而是大家接触的信息，比如操作标准、财务数据、评估方法等都是一致的。员工一旦清楚地了解公司的实际运作情况，就更愿意帮助公司解决问题。"[1]斯塔克理论中的开放是毫无保留的开放。

但也有公司的文化是更加保守，甚至有点儿独断专行。一个参与某亚洲培训项目的员工提到，在其所在的公司内部，管理者就像父母一样守护着员工，只对公司的成绩大加渲染，而对公司面临的问题和变动只字不提，以避免员工接触这些信息。

在分析了公司的管理风格和文化背景后，尽量与员工分享更多信息。这样做的确有利于提高员工的工作效率和在职率。

透过信息看未来

员工期望你能帮助团队展望未来，这包括提供能帮助他们实现职业发展的信息。你需要和他们分享你知道的：

① 开卷式管理（open book management），简单地说就是公司能够并愿意将财务信息与员工分享。——译者注

1. 公司的战略方向和目标。

2. 你的职业、所在行业和公司的未来。

3. 可能会对事业选择有影响的最新趋势和发展动态。

4. 公司的文化和政策。

你会看到，团队成员将学会从更高、更广的角度看待自己的职业、行业、公司现状，并了解其发展趋势和内部信息。这样，他们会对自己未来的市场开拓能力更有信心和把握。

行动清单

- 剪辑那些和你们所在的行业有关的文章，让员工阅读。有渠道能够看到与本行业相关的动态、新闻、报告和杂志，但员工可能从未注意过。你可以与他们分享关键信息，帮助其就自己的职业发展做出选择。

- 再次阐述公司的战略和前景。如果你认为这是在浪费自己的宝贵时间，那你需要重新思考这一点。

- 询问优秀人才希望在何时利用何种渠道得到什么样的信息。

越及时越好

你有没有听过老板说"我几个星期前已经知道了，但我不能（或决定不）告诉你"？这难道不让人感到愤怒吗？你可能会想，

"多谢，你现在能告诉我，这真是太好了"或"看我今后还相不相信你"，甚至"你为什么要告诉我你早就知道？你是想展示你的权力吗？"

有位首席执行官接受了其高层团队中一名员工的辞职申请，他知道这将对公司产生影响。当被问起他打算什么时候把这个消息告诉核心员工时，他说："我不希望在公司的紧张时期让他们再受打击，可能会等到两天后的员工会议再公开吧。"

这样处理效果如何？这是个好办法吗？当然不是。人们在当天察觉不到公司有人辞职的概率有多大？可能大家在一个小时内就知道了，还会因为领导者没有及时告知而感到失望、受挫和愤怒。甚至会有人觉得不受信任，感到存在价值被严重低估。

一声叹息

我们正在参与政府资助的一个大型项目，花了很多时间准备一次重要的"概念测试"演示。与此同时，老板在与客户进行高层商谈。谈话中，客户透露，这个项目的资金处于审查阶段，整个项目在演示之前可能会中断。然而，我们在演示即将开始时才得知这个消息，感到权利被强行剥夺，价值被严重低估。如果老板当时就能把问题的严峻性告诉我们，我们就能制订其他备用方案，考虑采用其他方法来帮助客户渡过难关。

老板之所以不透露信息，可能是觉得员工无须对此感到担忧，或者他认为员工如果知道了这一消息，就不愿全力投入工作了。他并未充分认识到员工的重要性，有些高高在上。自此，我无法再像往日一样信任老板了，其他团队成员想的应该和我一样。

——某大型工程研究院高级工程师

领导者何时应与员工分享信息呢？当然是越及时越好！如果已经知道哪些信息应该分享，尤其是当该信息涉及公司重大变动时，那就赶快行动起来。以下这些"诱发事件"可能是你应该分享信息的信号。

- 公司合并或被收购
- 网上或纸媒上出现了公司的新闻
- 关键岗位人员发生变动
- 新员工入职
- 传播得过于活跃的公司流言

有效共享方式

请记住，本书的主要内容是如何留住好员工。无论是平稳期还是大动荡时期，关于沟通策略的书总是不计其数。面对面交流、社交媒体、视频、通信报道、博客、电子邮件、语音邮件、全体大会或公告等方式在沟通效果上各有各的作用。我们的问题是：由于企业文化背景和被传递的信息的性质大相径庭，哪种方式最有效？以下是一些指导建议。

行动清单

- 面对面地向员工传递信息，尤其是在信息传递困难或会对员工产生重大影响时。不要通过电子邮件或其他途径通知直接下属，而要亲自与他们分享信息。让你的上司也面对面地把消息透露给直接下属。研究表明，通过这种方式传递信息会让接收者深信不疑，并产生更积极的反应。如果消息传递需要通过好几个层级，请多次确保信息顺利到达。

- 利用更具创新性的手段。传递信息的方式越具创新性，员工注意到信息的概率就越大。要用一些出人意料的办法传递信息。如果员工习惯性地用电子邮件获取信息，那下一次就面对面告诉他们。

无法共享信息时怎么办

营造信息透明的企业文化是一项有挑战性的工作，毕竟有些信息是无法与员工分享的。有几个简单的指导建议可帮助你在不疏远员工的前提下解决这一问题。在必须保留机密信息时：

- 不要把保留信息当作权力工具。当你知道一些隐秘信息或所谓的"机密"消息时，先不要告诉别人；如果有人问你，再考虑公开。
- 如果员工问你是否知道这个消息，请如实回答。告诉他们你无权公开这个消息，并告知原因。你可以说，"这个消息太敏感或太隐秘"，"我答应对此保密，我必须遵守诺言"，等等。
- 做好心理准备，你的回答可能并不会让员工满意。在早期与员工建立良好的信息分享机制，今后在有需要对消息保密的场合就不会那么束手无策。

这是一条双向道

分享信息一直是留住员工的有效方式。你能做的就是及时获取并分享信息。人们都希望别人了解自己的工作现状和与公司的关系。作为领导者，你需要了解这样的信息。

当和车间工人聊天时，让我感到欣慰的是，我们的对话充满积极向上的活力。有个工人说他在公司工作25年了，本来他对工作是感到厌烦的，直到有次公司询问了他的意见，他才有所改观。是那次谈话改变了他对工作的态度。

——某跨国制药公司副总裁

大多数领导者都期望员工能在遇到问题时主动找他们，但员

工通常不愿意主动反映，领导者也没有提供这样的机会。定期与
员工谈话，这样他们会觉得与你谈话很自在。

信息超载

你是否感到如今铺天盖地的信息已经快把你淹没了？一项针
对 5 个国家（美国、中国、南非、英国、澳大利亚）1 700 名白领
的调查显示，所有人都在寻找解决信息过载问题的方法。[2]

信息过载已给很多员工带来精神上的巨大负担，他们无法
很好地处理工作中的大量信息，因而感到绝望和崩溃。怎样才能
缓解这种压力呢？询问你的员工，是否从你或其他员工那里获得
了过多的信息。与团队成员通过头脑风暴找到解决方法，并达成
约定，今后通过提高信息质量、减少信息数量等方法来提高工作
效率。

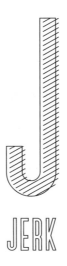

JERK

第十章

行为：
不要成为员工眼中的"浑蛋"

如果你认为（或者刚发现）你经常会做出一些"浑蛋"行为，一定要改正。本书就可以指导你。为了留住好员工，改掉"浑蛋"行为也许是最关键的措施。

思考题 *你是员工眼中的"浑蛋"吗?*

<table>
<tr><td>**注意!**</td></tr>
<tr><td>如果本书出现在你桌上且在本章放了一枚书签,那你一定要注意了!</td></tr>
</table>

我们经常与有些行为举止很"浑蛋"的人共事,这类人在工作中常常大喊大叫,以捉弄人为乐,拒绝听取意见,过于追求完美主义,不尊重他人,背信弃义,对任何事都漠不关心,等等。如果"浑蛋"一词还不够形容,那你可以用第 116 页的表述。

在希腊语中,至少有 20 个词可以用来形容一个人很"浑蛋"。

不过,不管用哪个词语形容,每个人或多或少都会做出一些很"浑蛋"的行为,不分国家和文化背景。近期有一项研究表明,在印度,56% 的员工都反映被自己的上司欺负。[1] 另一项研究显示,75% 的员工认为,工作压力的主要来源是糟糕的上司;65% 的人表示,换个新老板比加薪更有吸引力。[2]

有人提醒我们不要写这一章，或者至少避免用这样的标题。但是，回避这个题目，就等同于回避人们离职最基本的原因。如果员工不喜欢自己的老板，那么即使待遇丰厚、颇受认同、有学习和发展的机会，他们也都会选择离开。事实上，厌恶老板是人才流失的重要原因之一。来看看下面这段离职谈话吧。

采访人：杰拉尔多，你为什么决定离开公司？公司的待遇还是非常具有竞争力的，而且你刚刚拿到了奖金。

杰拉尔多：我们的谈话是保密的吗？

采访人：当然。

杰拉尔多：待遇不错，工作也还行，但是老板令人难以忍受，与他共事非常困难。我觉得人生短暂，不必把时间浪费在这种怪人身上。

你曾经为这种"浑蛋"打过工吗？你所在的公司有这样的人吗？我们从读者处搜集了很多与"浑蛋"共事的小故事，以下是出现频率最高的。

叹息不已

- 老板跟我说，因为我没有及时从父亲去世的悲伤情绪中恢复过来，所以不考虑给我升职。

- 老板说，我可以经常找他谈谈。因此，我就去找他谈谈我的职业发展，这对我是至关重要的。结果谈话全程他都在回复邮件。可以想象，我对他真的是好"重要"啊。

- 那是我毕业后的第一份工作。因为客户调整了项目的完成期限，老板让我取消假期，但他自己却去希腊玩了。

- 我们都叫老板"毒蛇先生"。他在备忘录里告诉我，我太胖了，不能代表公司形象。

- 老板在我怀孕时竟然故意把笔扔在我的办公桌下。他觉得看着我费力捡笔是一件非常有趣的事。

- 开会前，老板对我说："今天的会议你主持，你说了算。"结果，会议期间，老板不停地打断我，否定我的观点，不断削弱我的权威。我可是按照事先定好的议程主持会议的啊！

- 我曾经的老板是一名牙医。他一旦觉得我工作得不够快，就将医疗器械直接向我扔过来。病人都吓坏了，很多人再也不来我们诊所看病了。

- 我的老板给两名优秀员工停职 30 天，只是因为在西雅图发生 7 级地震的时候，他们立刻下班回家去确认自己的孩子平安。但是老板却早早与老婆确认了自己的孩子平安无事。

- 有个老板安排员工给自己 12 岁的女儿做作业，这件事登上了报纸头条。这已经不是第一次发生了。据报道，员工曾连续两个晚上加班到深夜，帮该老板的女儿完成作业，满足她各种稀奇古怪的要求。

难以置信吧？但这也许就是事实。非常不幸，绝大多数人都为这种古怪的上司打过工，不过大部分人都已逃离。

本章不是为了给这类人贴上"浑蛋"的标签，让大家早日脱离苦海。本章主要是说明人们可能碰到的"浑蛋"行为和"浑蛋模式"，以此帮你分析你自己是否也有类似行为及做出这种行为的频率是高还是低。这样分析意味着做出正确的改变，以激励员工、留住员工。

"浑蛋"行为清单

"什么样的人让你觉得十分古怪？"我们就这个问题咨询了很多人（小说及电影《穿普拉达的女魔头》描述了一些最恶劣的"浑蛋"行为，但我们还搜集了更多）。下面的行为参照表反映了我们搜集的一些情况[3]，你可以给自己打打分。

行为参照表

（说明：根据下列行为打分，分值为 0~5：0 表示从未这样做过，5 表示经常做。）

你是否经常……	得分
威胁他人	
居高临下	
举止傲慢	
拒绝夸奖别人	
用力甩门、敲桌子	
破口大骂	
举止粗鲁	
在外人面前贬低员工	
凡事都要过问	
只与上司搞好关系，不理员工死活	
总是争第一	
只给予负面反馈	
对员工大喊大叫	
说谎或"说话半真半假"	
做事无原则	
以让别人紧张不安为乐	
总想表现得比别人更聪明、更出色	
不尊重人	

（续表）

你是否经常……	得分
歧视女性	
行为偏执	
封锁关键信息	
开不合时宜的玩笑	
在会议上吹嘘	
凡开口说话，必以"我"开头	
抢他人的风头	
阻碍别人的职业发展（不给明星员工提供升职机会）	
不相信大多数人	
显露偏袒之心	
喜欢让别人感到尴尬	
用语言进行人身攻击	
不加节制地讽刺挖苦	
故意忽略或孤立某人	
设定不切实际的目标和任务期限	
拒绝接受批评，把责任推卸给别人	
破坏权威	
对别人缺乏关心	
辜负他人的信任	
更喜欢传播流言蜚语	
觉得别人都是傻瓜	
情绪不稳定（一旦情绪低落，就发泄在他人身上）	

（续表）

你是否经常……	得分
以恐吓作为激励	
报复心重	
经常打断别人	
发表"毫无品位"的意见	
拒绝倾听	
缺乏耐心	
追求完美	
说话不算数	
经常放"马后炮"	
必须永远掌控局面	
总分	

注意!

这份评估只是帮你自我反省的一个工具。如果想要进行更多测试，请访问我们的网站 www.keepem.com。以下对每个分数段的分析，仅供参考。

测试分析

　　0~20 分：你虽然偶尔心情不好，但并不会被当作"浑蛋"。着重分析得分超过 3 的行为，并从员工处得到更多反馈。

21~60 分：小心！有时，你会被一些人当作"浑蛋"。赶快从你的古怪行为中吸取教训吧。

61 分及以上：你流失好员工的风险极高。尽量获取更多反馈，并找寻帮助（比如聘请一名顾问）。

对照分析后，如果你没有表格中出现的任何一种行为，那可能说明你是个圣人。（请在家人和朋友的监督下再做一遍！）换句话说，大部分人或多或少都会有以上行为。关键在于行为出现的数量和频率，以及行为对员工的影响。领导者通常对人们关于他的负面评价后知后觉。接下来等着他们的就是：生产力降低、招聘难度大、横向调动频繁及居高不下的离职率。

沃伦·本尼斯对《纽约时报》开除不诚实的员工发表了自己的看法。他认为："领导者如果在工作期间损坏了自己真正的宝物——人才，那么无论他获得过多少奖励都是毫无意义的。不计代价地追求成绩、高高在上的领导方式是不合适的，尤其对《纽约时报》这类创意驱动的企业而言更是灾难。无论领导者的级别有多高、头衔有多大，人才都有自己的权力——离开的权力。他们不会留在待自己如牲口般的公司，哪怕是《纽约时报》这样如此声名显赫的企业。《纽约时报》前总编豪威尔·雷恩斯和其更专横的前任使公司中的员工两极分化，并教唆大家竞争编辑部的资源，包括为博得主编青睐而钩心斗角。这种内部斗争严重削弱了公司的创造力。"

　　本尼斯指出，此事的部分原因在于总编的领导力。"雷恩斯是一个以自己为中心、用威胁控制一切、任人唯亲的人。他的新闻品位很奇特，并且厌恶听到不利的真相。"[4]

代价巨大

　　《麦肯锡季刊》的一篇文章指出，某公司计算了一下星级销售员脾气古怪而产生的额外成本（包括被他开除的助理、加班费、法律成本、情绪管理培训费等）。这种成本也可以叫作"浑蛋"成本，大约是每年 16 万美元。[5]

　　另一项研究也发现，在美国，领导者的胡作非为导致员工压力倍增、效率低下，每年会造成几十亿美元的损失。2009 年甚至出版过一本书，名为《请尊重同事》，该书作者为克里斯蒂娜·波拉斯和克里斯蒂娜·皮尔逊。

　　"浑蛋"行为不仅会造成金钱上的损失，还会造成员工身体不适，轻者头疼，重者心脏疾病发作。这还没有提及是否会对人们的情绪和精神造成负面影响。你的言行会不会成为员工离婚的导火索？听起来有些不可思议，但你可以仔细想想，最近一次受上司打击后，你是否将不良情绪统统发泄给了家人。你会有感触的。

行动清单

请查看以下清单，这是《论浑人》一书的作者罗伯特·萨顿的诚意之作。[6] 你所在的公司已经受到了哪些"浑蛋"行为的影响？直接影响你的有哪些？

- 为了避免遇到古怪的上司而工作分心
- 工作缺乏积极性
- 由于压力过大而生病
- 经常旷工
- 创造力减弱
- 无法吸引顶尖人才
- 工作参与度减弱

你说的是我吗？

> 我们花了很多时间教领导者做什么，却没有告诉他们不要做什么。我认识的领导者，至少一半都不需要学习做什么，而要学习避免做什么。
>
> ——管理大师彼得·德鲁克（马歇尔·戈德史密斯在其 2007 年出版的《没有屡试不爽的方法：成功人士如何获得更大的成功》中引用）

仔细分析你从"浑蛋"行为清单中得出的结论。邀请公司里的朋友帮忙分析，并给出真实的反馈。（如果你在公司里没有朋友，这也能说明一些问题。）让家人也参与，给你一些建议。如果其他人都认为，你经常做出其中一两个甚至更多的行为，那你丧失好员工的风险就很高了。

"浑蛋"行为破坏力巨大，一两个糟糕的行为就会抵消你树立的好形象。

> 我不知道员工都觉得我"浑蛋"的原因。我们有一个360度反馈测试（来源为上司、下属、同事，甚至客户），这个是领导能力发展项目的一部分。员工能在一份颇长的电子问卷上做出评价。我得到的评价主要是待人冷漠，为达目的不择手段，不在意员工的健康状况和士气。得到这种评价，我十分震惊，心情很糟糕。为此，我专门聘请了一名顾问帮助我改变行为。第一步就是找出员工如此评价我的原因。
>
> ——某工程公司高级经理

如果你从未做过360度反馈测试，那你可以尝试一下。反馈必须是匿名的，你必须接受批评并修正自身行为，而第一步正是发现你的这些无效且有害的举动。

一日"浑蛋"，终身"浑蛋"？

就如习得领导技巧没有年龄限制一样，你也可以随时停止无效的举止，或改为更行之有效的行为。

过去我经常对员工发火。在我压力大的时候，一旦有人说错话，我就会失去控制，常常大喊大叫，面红耳赤，并重重地敲打桌子。这样的后果是，大家总是蹑手蹑脚地从我身旁经过；他们隐藏负面消息，做事畏手畏脚，担心搞砸了惹我生气。大家感受到了来自我的无形威胁，丧失了创造力和工作效率，很多人才流失了。这一切都是因为我控制不住自己的坏脾气。

现在我好了许多，至少在90%以上的时间内是情绪良好的。当然，我为此付出了很多时间和心血，但欣喜的是我能够控制住情绪了。当感到血压升高、怒气汹涌而至时，我就画一个"停止"的标志。我停下来，深呼吸三次，再讨论问题。变化很明显——不但我觉得自己有变化，员工对我也改观了。

——某市场销售部经理

因为行为是后天习得的，所以我们知道可以做出改变，但改变并不容易，迎面而来最大的困难取决于对下列问题的回答。

- 这些行为根深蒂固吗？这些行为大概持续了 3 年还是 50 年？长期形成的行为比新养成的行为习惯更难在短期内被消除。
- 你是否真的了解优秀的行为模式是怎样的？制定一个清晰的目标能使你更容易习得理想的行为。
- 你有可利用的资源吗？如果有人助你一臂之力，改变会更简单。
- 行为模式有多复杂？你可能只是不再讲黄色笑话而已，在其他方面并无任何改善。因为人在重压下产生消极反应的原因错综复杂，所以改变行为模式的时间会更长，需要集中更多精力，也需要更多资源加持。也许你需要形成一种全新的行为模式。
- 你真的想改变吗？原因是什么？如果你无法作答，那你就改不了。你必须是发自内心想改变才行。

一旦你下定决心改变，你就可以制订行动计划了。

安迪·皮尔逊曾是百事公司的首席执行官，他被称作全美最难伺候的老板（没有之一），因为他常常会折磨和羞辱员工，而员工不堪其辱。他会骂哭优秀的下属，并乐于找别人麻烦来证明自己的伟大。有人曾听到他这样对核心员工说："猴子都比你们干得好！"后来，皮尔逊也意识到，如果采用别的领导方式，管理可能会更有效。因此，他不再发号施令，而是征求不同级别员工的想法和意见。他认为，他应该多倾听员工的声音。[7]

行动清单

- 设法获得真实反馈。你在别人眼中是一个怎样的人，对此要有清晰的认识。

- 多问一句"为什么"。仔细分析你行为背后的意义。这些行为妨碍了效率的提高吗？你是否因此丧失了好员工？

- 参加管理强化课程。

- 锻炼身体，吃好睡好，你说了算。

- 练习太极、瑜伽、冥想。

- 如果你决定改变，你可以寻求外援：
  - 找个教练
  - 寻求咨询
  - 参加个人成长分享会
  - 阅读自我提高类图书
  - 请他人监督，并及时提供反馈意见

- 对自己和他人都要有耐心。改变行为是需要时间的，重获他人的信任也需要时间——你的"浑蛋"行为可是持续很多年了！

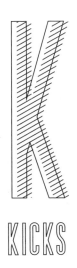

KICKS

第十一章

快乐:
在工作中寻找乐趣

无论公司规模大小，有一点毋庸置疑：快乐工作能够提高创造力和注意力，提高士气，消除隔阂，更有助于与客户建立良好的关系。清晰的工作目标能够提升工作效率。让工作充满乐趣，员工会充满活力，怎么会舍得离开团队？

思考题 你奉行的工作原则是"只工作，无娱乐"——工作只是工作，毫无乐趣可言吗？

你如何看待在工作中寻找乐趣？你认为这个观点可行吗？你在工作时快乐吗？你会在工作中寻找乐趣吗？你反对快乐工作吗？评估一下你的上述观点，并考虑用快乐工作法留住你的好员工。

研究表明，乐趣盎然的工作环境能激发员工的工作热情，不仅能提高工作效率、服务质量，还能使员工的工作态度更积极，留在公司的概率更大。

独乐乐还是众乐乐？

你最近一次在工作中感到快乐是什么时候？

- 去年
- 上个月
- 上周

• 昨天

如果答案是昨天，那你一定是面含笑意读完此段的。

* * *

当然，"甲之蜜糖"可能是"乙之砒霜"。

> 员工每年都有 104 天的私人时间——周六加周日。现在这些时间也成了工作时间，同样需要管理。

在如今"5+2""白加黑"的工作模式下，你是经常保持微笑，还是会紧皱眉头、不住叹息？你讲的笑话能逗乐你自己，但对他人而言可能只是荒谬至极，甚至带有侮辱性质。有人精心布置了你的办公室以给你生日惊喜，让你觉得很快乐；有人在繁重的工作后小憩一下会觉得快乐。因此，请询问每个人："如何能让你在工作中感到快乐？"

> 诙谐的话语能让工作环境充满幽默感。
> ——普莱费尔公司高级副总裁弗兰·所罗门

毫无快乐可言

可惜，很多工作环境都毫无快乐可言。如果让你手下的员工为工作快乐的程度打分，你会得到几分？如果你的分数只是 C+，那你需要反思一下原因。也许你之前的工作模式就是不快乐的：你的前任老板可能不仅是坚定的快乐工作反对者，还是严厉的监工。也许你认为快乐工作是失去控制或目标落空的根源；也许你觉得率性的举动会开创不良先例，使团队无法回到正常的工作状态；也许你多虑了，曲解了快乐工作的本意。

行动清单

你认为下面哪些说法是对的？

- 说法 1：专业性和乐趣是互相矛盾的。
- 说法 2：快乐工作需要玩具和金钱。
- 说法 3：快乐意味着笑出声。
- 说法 4：快乐工作需要充分计划。
- 说法 5：快乐工作会影响业绩。
- 说法 6：有幽默感的人才能让工作环境充满乐趣。

快乐的 6 个真相

上述说法十分荒谬，让我们逐个反驳。

说法 1：专业性和乐趣是互相矛盾的

你的工作环境兼具专业性和乐趣吗？这取决于乐趣的类型。

粗俗的"幽默"（直白的嬉笑打闹）不适合任何工作环境，但有一些玩乐方式哪怕在最严谨的工作场合也可以给人带来快乐。

> 我们每个月都要按时交客户报告，每个人都畏惧因为任务繁重而没完没了地加班。因此，我们计划每个月都挑一天在公司留夜，去熟食店买来快餐和美酒，在公司开派对。每个员工都用自己的电脑工作，但会定期休息一会儿，互相帮忙，享用美食和美酒，并在工作之余开怀大笑。这不仅让月度工作任务变得很有趣，也不失为一种团建的好办法。

> ——某管理咨询公司咨询师

在另一个专业的工作场合，迟到的人被要求必须当场唱歌或讲一个笑话（得体的笑话）。自从新规实施以后，大家变得更加准时了，不过还是有人因为迟到了几分钟而引得大家咯咯笑。

大多数对快乐工作的担忧，实际上是担心有人开的玩笑不合时宜或选择的时间不恰当。如果有人超时了或举动令人不悦，请及时告诉他们，就像制止其他糟糕的工作行为一样。不过，快乐工作对有些人而言需要后天习得，你可以帮助他们。

说法2：快乐工作需要玩具和金钱

这和"快乐生活需要玩具和金钱"的内在逻辑相同。我们对几十个人进行了询问，要求他们回忆一下工作中的快乐瞬间，以下是他们的回答。（请注意哪些例子涉及玩具和金钱。）

- 没有固定时间，我和同事每天都相处得很开心——再小的事情都能使我们开怀大笑。
- 老板过生日，我们用 5 袋碎纸屑装扮了他的办公室。
- 结束工作后，自发去比萨店聚餐。
- 和聪明有趣的同事"侃大山"。
- 一有大项目，我们就得通宵加班。我其实并不喜欢经常加班，但和同事在一起很开心。我们经常在大半夜开怀大笑，最后完成项目时，每个人都很兴奋。
- 有次参与一个压力很大的项目，午餐期间，老板带我们去附近的公园打了一场排球赛，这件事至今还被我们津津乐道。

玩具和金钱当然也能助你享受乐趣。丹麦一家公司允许员工在头脑风暴时用水枪攻击提出不合时宜的建议的人。微软和安进是两家提供"找乐子"预算的跨国公司，其要求员工努力工作、快乐生活。员工可以组织奢侈的派对，也可以乘船游玩。不过，员工虽然对精心准备的外出活动很感兴趣，但依旧认为每天的工作环境是最关键的，它必须使人身心愉悦。

说法 3：快乐意味着笑出声

快乐一般都和欢声笑语相伴，这也是一种缓解严肃气氛的方法。开怀大笑被称作"体内的慢跑",因为它和有氧运动类似,可以对健康产生积极的功效。据称,笑能促进体内释放内啡肽,帮助身体自我修复。如果每天笑 15 分钟,那么一年可以减掉 4 磅(约 1.8 千克)体重。

你知道吗?儿童平均每天会大笑 400 次,但成人只有 12 次。你可以和一个 7 岁小孩玩一天,数数看!

但是在工作中,人们不是非得用开怀大笑或举止滑稽的方式才能享乐。

> 在公司里的大多数时候,大家都很严肃、专业,但我们也能忙中作乐。我们喜欢在项目结束后狂欢,共同庆贺中国春节的到来,也会邀请家人参加派对,并经常团建或聚餐。
>
> ——新加坡某公司一名员工

吸引人的项目加上合作愉快的同事,简直不可多得。有意义的工作能够真正带来改变,身处其中也可以很快乐。创造新事物也是乐趣。

> 我人生中最快乐的时光之一就是设计新飞机模型的初期。我们在创造全新的东西,这可以改变未来。因此,工作尽管难度很大,却极具乐趣。
>
> ——航空工业某退休工程师

说法 4：快乐工作需要充分计划

对快乐时光进行计划有时很有必要。职工垒球队的比赛需要有计划地进行，野餐和每年一次的假日派对也不例外。但很多工作乐趣是自然而然就产生的。

> 我们努力全额完成了本季度目标。老板把我们叫到办公室，发给团队每个成员一张电影票——是当天下午两点的！真是太棒了。我们结伴同行，感觉回到了童年，像是一群逃课的小孩子。这一切来得太意外了，大家都很高兴。
>
> ——某市政工作人员

随机的乐趣可以非常简单，比如在员工会议上向大家分发松饼，与员工一起去新开的餐馆吃午餐，或是去咖啡馆小憩，大家坐在一起聊聊家人和兴趣爱好等。

说法 5：快乐工作会影响业绩

这是领导者最大的关注重点之一。不知为什么，很多人认为哪怕开一分钟的玩笑放松一下也会影响实现工作目标的进程。

一声叹息

> 下班时，我和两位同事在走廊上遇到，闲聊了一会儿。我不记得当时我们说了什么引得大家开怀大笑，声音还挺大

的。老板从办公室走出来，一脸怒色地说："我是雇你们来闲聊的吗？"我们三个人十分尴尬，随后感到生气，好像被羞辱了一样。没过多久，我就离开了公司，另外两个人后来也走了。那时的工作环境十分沉闷，连开点儿玩笑都不允许。时隔十年，我仍清晰地记得那天发生的事。

——某零售经理

相比沉闷的工作环境，人们在快乐的工作环境中的效率会更高。放松玩乐一会儿能为员工充电，为下一步集中精力工作做好准备。在微软的一个团队中，员工可以自由安排自己上网或玩游戏的时间。他们说这些活动能提神醒脑，等回到工作中时，他们的工作表现会更棒。

我们单位有帮大家庆祝生日的传统。最近一次是财务总监过生日，我们为此准备了早茶。庆祝生日的活动有很多，包括唱生日歌、讲有趣的故事、边喝茶吃蛋糕边聊天等。尽管这占用了上午的部分时间，但是大家都很开心，财务总监也感受到被重视，最后大家都回去工作了。

——马特·霍金斯，新西兰某政府部门工作人员

你可能会说，如果允许员工在上班时间上网或庆祝生日，那他们永远也无法完成工作。也许你只对极少数员工感到放心。其

实，实现快乐工作的秘诀是给员工设置非常明晰的工作目标。请重新与员工一起制定可量化的、非常具体的目标，并且以目标完成情况评估其工作表现。

全球最具竞争力、最成功的一些企业也常因鼓励员工快乐工作而闻名。西南航空公司创始人赫布·凯莱赫为著名的西南风格打下了基础。他曾在感恩节收拾行李，骑上摩托车来到公司总部，拿着球棒参加了西南航空高尔夫联赛。他还和另一位首席执行官通过掰手腕决定谁给公司写广告语。乘务人员也把飞行说明编成歌曲唱给乘客听，从而获得工作的乐趣。这些举措充满乐趣，同时见效明显。2013 年 1 月 24 日，西南航空宣布已连续赢利 40 年，这是航空公司历史上绝无仅有的。《福布斯》杂志连续 3 年将其誉为"全美最令人愉快的航空公司"，社会化媒体及市场推广公司 Likeable Media 也将其评为"2012 年度最受欢迎的五家公司"之一。美国企业员工评论网站 Glassdoor.com 更将其评为"2013 年度员工最喜爱的公司"。[1]

　　如果你没有在工作中找到乐趣，请尽快寻求帮助，发现并解决问题；如果你解决不了，也不想寻求帮助，那就请自动辞职，不要破坏别人的工作激情。

——拉斯·沃尔登

说法 6：有幽默感的人才能让工作环境充满乐趣

你也许并不怎么幽默，但是没关系。很多优秀的老板也不一定有趣（他们甚至不喜欢娱乐）。很多时候，他们只是允许他人展示幽默和好笑的一面，与其说他们在创造乐趣，不如说他们只是私下支持别人创造乐趣而已。如果创造乐趣不是你的强项，那就交给别人去做吧。

我们主管在最近一次例会上做了一件出人意料的事情。他挨个儿问我们喜欢喝可口可乐还是百事可乐，并从袋子里拿出这两种饮料分发给大家。他从没这么做过，简直太拉风了！

——俄罗斯某非营利组织员工

你可以这样给团队带来欢笑：带上你的午餐盒，和大家边吃饭边聊一些轻松的话题。在一次午餐聚会上，大家互相分享兴趣爱好，一名员工把大家带到附近公园里观看他演示遥控飞机，另一个人邀请酒商教大家如何品鉴葡萄酒，还有人请来高尔夫球教练给大家培训。

寻找乐趣也是一种心智模式。领导者需要培养这种模式，但前提是得关心员工需求，对员工的行为表示理解和赞赏，亲身加入各种活动，并认可在工作中寻找乐趣是一种利用时间的好方法。寻找乐趣能使你更快乐，与员工亲密无间更能使你精力充沛。快乐工作也能对员工的日常生活产生积极影响，有再大的困难，员工也能轻松应对。要随时参与其中，这很重要。

——**某大型航空公司总裁**

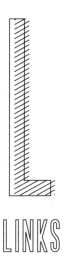

LINKS

第十二章

连接：
建立员工和公司的关系

联系是员工留在公司的重要原因之一，如果联系微乎其微，那么离职也在情理之中。现代的知识型员工需要和他人保持联系，才能确保工作完成。他们的联系能巩固你和他人的联系，这样一来，你留住好员工的可能性也会更高。

思考题　从你们公司离职很容易吗？

如果公司具有以下特性，那么离职真的会是一个说走就走的决定。

- 员工和公司毫无联系。
- 员工没有志同道合的同事，无法分享信息、互帮互助。
- 员工的想法上传下达十分困难。
- 员工的人际关系不佳，在工作上得不到帮助。
- 同事并不是自己想交往的人。
- 员工对公司的目标和使命既无法理解，又不能苟同。

如果公司内部联系紧密，那么员工是不会轻易离职的。你应该懂得这个道理，但你是否会帮助好员工建立联系，从而达到留住他们的目的呢？

你是"导体"还是"绝缘体"?

如果你是个"绝缘体",那你一定这样认为:"员工与其他部门接触太多的话,会被挖走的。"如果你是个"导体",那你会觉得:"员工不与其他部门接触的话,他们的知识水平和工作能力将难以得到提升,工作效率也会因为资源过于局限而降低。这样也许能使工作专业性更强,但是会导致员工与公司过于疏离。"

> 每个人都位于自己宇宙的中心,也位于自己网络的中心。当然,我们知道,他人也在属于自己的网络的中心,本应如此。网络中的每个人都作为一种支持的来源(提供帮助、介绍、信息等)为网络中的其他人服务。那些懂得运用网络巨大力量的人能认识到一个非常重要的道理:人与人之间既不互相依赖,也不互相疏离;人们是彼此依存的。
>
> ——鲍勃·伯格,著有《无穷的参考》(Endless Referrals)

为了提高工作业绩,并留住更多好员工,思考一下,如何将员工与以下三个关键因素联系起来。

- 公司其他员工
- 公司目标
- 公司所在行业

与人关联

你在公司里有相谈甚欢的好朋友吗？这个问题的确有点儿奇怪（尤其是在某些国家或文化环境中提出这个问题的话），问题的答案又跟留住好员工有什么关系呢？盖洛普民意测验显示，两者关系重大！[1]员工关系紧密是留住好员工、提升工作效率非常重要的因素之一。事实上，大多数人都希望找到志同道合的工作伙伴。

根据研究企业社交网络的著名公司 SelectMinds 的一份调查，绝大多数美国员工认为与同事、供应商及公司前辈的关系在很大程度上影响着工作效率。事实上，87% 的员工表示，如果与同事关系良好，他们在工作时就更容易火力全开。[2]

一声叹息

竞争对手承诺给我增加 10% 的工资，我接受了。老板对我的辞职大惑不解，他一直认为我热爱现在的工作，所以不明白我究竟是被什么吸引走的。那么，是什么因素让我决定离开呢？

坦率地说，这是多个原因造成的。我认为自己和公司、团队并没有多少联系。当初要是同事之间多花点儿时间维系关系，或者公司让我的归属感更强烈一些，我可能就留下了。

　　我的新公司也是以团队的形式运营的，我希望新工作能够提
供更多我所期望的内部联系。薪酬吸引人是一个原因，能真
正成为团队的一分子更加重要。

——某航空公司工程师

　　多数员工都希望与自己关系密切的人都是自己喜欢的同事。
然而，对每一个进入公司的新人而言，最重要的问题也许是，我
所在的团队是我喜欢的吗？最夸张的是，如果大家关系好，整个
团队还会集体跳槽，就像我们近期听说的 13 名 IT（信息技术）员
工集体辞职一样。

　　工作氛围是我留下来的主要原因，我们团队的理念很棒。
事实上，在哪个国家工作对我来说都无所谓，我可以去任意
一个加油站，告诉他们，"你们好，我是一名燃料服务工程师"，
我会立刻受到欢迎。我很高兴我能成为现在团队的一员，我
们团队就像一个大家庭一样。

——某加油站经理

　　请鼓励员工通过参加公司内部的行业小组或社团来建立关系
网络。你一定听说过亲和团体（affinity group）和员工 / 行业资源
团体（employee/business resource group, ERG/BRG）。某跨国公司
竟然宣称其内部有 54 个员工资源团体。还有一些我们听过的团体，

此处列出供参考。

- 性别 / 种族 / 民族团体

- 年轻职场人团体

- 老兵团体

- 非美国公民团体

- 基于不同信仰的团体

- 同性恋、双性恋、跨性别者同盟

- 家长群或追求工作与家庭平衡群

- 早期职业规划社团体

- 残疾人互助团体

- 代际社团

- 女性领导人团体

- 新员工群

- 宠物饲养者团体

- Y 一代 [①] 团体

- 鬈发群（没开玩笑，真的有这个团体）

　　你还能找到更多团体，只要领导者发挥聪明才智，公司还可以成立更多的团体来体现联系的价值。

[①] Y 一代是指 1983—1995 年出生的人。——编者注

亚洲的很多公司热衷于成立"职场觅好友"（Friends@Work）的社团，这是一种"社交团建促进会"，由公司赞助，主要为员工策划组织社交活动，以期达到促进员工之间沟通的目的。这些公司还有很多志愿者促进会，通过组织员工帮助老弱病残来达到提高凝聚力的目的。这些都是团结员工、加强公司内部交流的好方法。

帮助员工建立关系网可以吸引和留住有价值的员工，以下是一些好方法。

行动清单

- 利用公司局域网创建一个员工可以互帮互助、找到资源、分享成绩的平台。
- 恢复午餐（如果你的公司还保留着工作餐，那实在是太棒了）。鼓励员工共进午餐。
- 鼓励公司内部的团体，它可以帮助员工建立新联系，结交新朋友。赞助一个部门内部的运动小组，或与其他部门／公司一起组织一次体育活动。
- 举办家庭活动，比如家庭野餐会、带孩子上班、带宠物上班等。

但如果你在伦敦工作，而团队其他成员在美国堪萨斯州呢？如今，越来越多的员工和老板是通过网络进行沟通的，他们也创造了许多新型的沟通方式来联络感情，参考如下。

行动清单

- 组织在线会议，让员工能通过视频与管理层进行交流。
- 建立内部社交平台，员工可在上面分享图片、美食、故事等。
- 保留传统的会议模式，每年召开一次，员工可借由这个机会面对面进行沟通。

与目标关联

> 无论从事何种行业，每个人都需要知道组织的目标是什么。
>
> ——弗朗西斯·赫塞尔宾（Frances Hesselbein），
>
> Leader to Leader Institute（一家领导力培训机构）CEO

你并不需要在美国红十字会或比尔及梅琳达·盖茨基金会工作，才能建立员工和组织间有意义的联系。全球著名咨询公司号领品牌（Calling Brands）发表报告称，公司的目标日渐成为吸引和留住人才的重要驱动力。"调查显示，平均约 57% 的受访者（这个数据在德国是 64%，在美国是 58%，在英国是 48%）表示愿意进入目标明确的公司工作。此外，65% 的受访者认为明确的目标能激励自己在工作中更进一步；64% 的受访者认为明确的目标能使自己对公司更加忠诚。公司目标越来越成为留住好员工的关键因素之一。"[3]

领导者应该采取多种手段建立这种联系。有时可以组织员工讨论公司的发展历史、创始人的故事、公司的发展目标、公司通过产品线或服务满足的顾客需求等。

某医疗设备制造商邀请了当地一家医院的一些病患参加会议，这些病人因为服用该公司生产的药物，疾病得到了控制。各层级的员工代表参加了此次会议，并向这些病人征询了意见。由此，员工的自豪感油然而生，同公司的联系也更加紧密了。

和公司的总裁、首席执行官或其他高层领导见面，也是将员工与公司目标联系起来的重要环节。公司的使命反映着公司潜在的原则，几乎不会改变，但公司的目标是动态的。让员工随时知晓公司的变化，能让员工产生与公司并肩作战的感受。

关于如何建立公司目标与好员工之间的紧密联系，给你支几招。

行动清单

- 定期召开论坛会议。员工如果觉得被倾听，就会产生与公司联系密切的感受。在讨论如何解决问题时，接受不同的声音。
- 定期举行团建活动，但不要期望员工愿意被占用私人时间。

可以每个月用工作日的一个下午组织团队活动。

- 给员工交流的时间。领导者不愿安排和员工的私下谈话，是担心这会耽误工作。但他们有所不知，和员工之间的交流能帮助双方建立密切的关系，而且他们经常谈到的话题可都是工作！

- 举行非正式早餐会或午餐会。部门偶尔也需要非正式的联系。在轻松的环境下，你可以介绍新项目，放肆谈论创意，或仅仅迎接新的一个月的到来。某公关公司高管每年 3 次向自己领导的团队的 60 名员工赠送 25 美元的午餐券。这样做的目的只有一个："和你不熟悉的人一起吃午餐，可以更多了解他们和他们的工作。"多明智的方法！

- 将每周参加的跨部门会议都列出来（这个过程可能会让你感到头疼）。挑选几场会议，委派下属去参加。这样做既建立了你和员工的联系，又帮你减轻了压力。

公司的外部目标

让员工参与社区服务也能让其获得归属感——对一些人而言，这些活动就是加入公司或长期留在公司的重要原因之一。普华永道会计师事务所的一项调查显示，88% 的毕业生和职场新人将企业社会责任（CSR）评级作为找工作时考虑的因素之一。86% 的受访者表示，如果企业的社会责任履行不佳，那他们可能会考虑离职。[4]

如果你所在的公司还未参与社区服务，先不要急躁，你可以从支持员工参与的社区项目开始，也可以启动项目并参与其中。无论以何种方式参与，推动这一事业可以给员工带来满满的自豪感，既建立了团队精神，又联络了团队成员的感情，还能培养员工的能力。公司开展的活动包括：课堂活动、社区活动、慈善活动、自行车竞赛、廉租房项目、照顾孤寡老人，以及其他可以改变生活的项目。

> 每年我的公司都会赞助好几百名员工参加一项叫"最佳伙伴挑战"的自行车比赛。我和同事努力训练了好几个月，大家都很享受整个比赛的过程，还募集了好几百万美元做公益。让我们最欣慰的是，这项比赛是对一项全球志愿者行动的支援，该活动旨在帮助有智力缺陷的人士结交朋友、找工作、培养领导力等。我为我的公司支持这种有意义的活动感到自豪。
>
> ——某投资银行人事主管

如果你还在犹豫如何支持这种目标，你也可以尝试以下方法。

行动清单

- 搜集一些当地项目，在员工会议上讨论，看看谁感兴趣。
- 鼓励员工提出项目，并且每年选出一两个项目让团队参与。

- 邀请当地志愿者就他们的工作展开主题演讲，并鼓励员工参与其中。
- 邀请其他部门与自己的团队一起参与社区活动（这也是帮助你的员工建立联系的绝佳机会）。

与外界关联

公司内外都有很多行业团体。公司外的团体为员工提供了了解新事物的机会。通过会议、展会、座谈会、在线研讨会、社交网站等途径，员工可以了解专业人士是如何处理问题和缓解压力的，学习独特的工作方法。参与过这类活动的人都对行业重新怀有自豪感，并能将新的想法带入目前的工作。

"绝缘体"担心员工一旦参加了这种专业会议，就可能会产生跳槽的想法。如果他们得到了其他工作机会呢？如果他们不再对现有工作感兴趣了呢？这些的确都可能发生，不过就算你不支持员工与外界建立联系，这些也同样可能发生。要是鼓励员工加强与外界的联系，那他们的忠诚度可能会提升到一个新高度。

让你的员工加入行业内的实务社团。实务社团分两种：在线式实务社团，比如网上论坛、群组等；线下式实务社团，比如在咖啡馆、大厅、野外或工厂面对面交流。员工既分享了业务经验，也增长了行业知识，由此获得个人成长和职业发展的机会。

以下建议可帮助团队成员之间建立联系。

行动清单

- 作为奖励，为表现出色的员工缴纳行业协会会费。
- 在员工会议上留出时间，让参加行业会议的员工分享感受。
- 给予员工参加管理者会议的机会。
- 给予员工参加行业会议的机会。
- （再次）询问员工期望加入或创建哪些社团。

你不能手把手帮员工建立联系，但是你可以成为大家模仿的对象。此外，你的奖赏和鼓励很重要。

教会员工建立联系

先了解员工的需求。如果他们脸上露出了疑惑不解的神色，请他们阅读这份清单。

行动清单

询问员工，他们想不想……

- 直接得到反馈
- 学习一种技能
- 获得机会
- 得到信息
- 在新的想法上获得帮助

- 获得一项特别的工作

- 获得确定性

- 接触新事物

- 帮助更多人，贡献更多力量

　　然后仔细思考，在公司内外，哪些人可以帮助员工实现上述想法。在此基础上，帮助员工建立合适的联系。

参与其中，寻找互助的秘密

　　名单再长也无济于事，除非你与名单上的每个人建立的都是真实的联系，他们都实实在在地为你提供过帮助，给予你所需的资源。这样的话，当你需要职业指导、解决问题的建议，或想探听新老板的内幕消息时，这些人就可以助你一臂之力，你就不会孤零零地被排挤到圈子之外。[5]

　　拉丁语中的"quid pro quo"翻译过来是"以物易物"，用更现代化的方式来表达应该是"你帮助了我，我也会帮助你"。如果在关系中只有单方面的一味索取，那实在是太自私了。

　　我们常听人提起"优雅的货币"（elegant currencies）——你容易获得并给予的但其他人缺少资源去获取的东西。例如，你可以教别人使用新的电脑软件，也可以分享你读过的书。互帮互助的方式有很多，举几个例子。

行动清单

"互帮互助"清单——你可以为你的联系人做的事:

项目	例子
向他人介绍你的联系人	潜在客户或供应商
提供原创想法	处理订单的新方法
进行头脑风暴	营销产品的新途径
参与志愿活动	参加慈善晚宴
扩展他人的人际网络	分享你的联系人
分担工作压力	协助完成报告的一部分
反馈	建议如何修改宣传册
向他人推荐	帮助产品进行口头宣传
分享专业技能	分享计算机技能

互惠互利并不是促进联系的唯一方式。《让爱传出去》(*Pay It Forward*)是一部根据小说改编的热门影片,其中提到,如果想获得回报,你得首先帮助三个人。总之,大家是共赢的。如果公司按照这一原则运营呢?你可以先在自己的部门开始,询问员工将互惠互利的理念传递给同事、同行、社团、公司,乃至整个行业的方法。

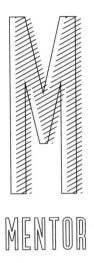

MENTOR

第十三章

导师：
指导员工快速成长

授人以鱼，不如授人以渔。员工想了解领导者的发展故事、成功与失败，这些参考都是极具价值的，是其他东西无法替代的。员工希望上司能成为自己的学习榜样，而能分享经验的领导者也能与下属建立和谐的关系。这些都对留住好员工有益。

思考题 员工能从你身上学到什么？

有良师的员工留在公司的概率比其他人大一倍，这些人不仅会在公司长期任职，还能给公司带来更多收益。

高管和人力资源专家都深知这一点，这也是如今的公司如火如荼开展各类导师项目的原因。那些希望留住表现优异的女员工和少数群体员工的公司认为，导师项目能够打破玻璃天花板，因此他们不遗余力地资助相关项目。导师制不仅成为一种传授关键技能和传播知识的途径，也能提高员工的忠诚度，尤其是未来领导者和老员工的忠诚度。

由于亚洲文化中有很明显的层级关系，所以亚洲公司中已经演化出类似导师制的培养机制。前辈向后辈传授经验，后辈谨遵教诲，认真学习领会，并将这些经验继续传给后来的新人。

——温迪·谭，Flame Center（火花咨询）联合创始人如今，很多公司鼓励导师制，比如给新入职员工配备导师，开展小组学习和在线答疑等，帮助很多员工提高了自己的业务水平和管理水平。有的公司甚至为员工安排有其他文化背景的导师，以促进不同文化间的交流。

本书不介绍由人力资源专家制定的导师制度，而是从你作为领导者的角度出发，探讨你在这方面能做什么。这并不复杂，你在下属面前表现得越像一名良师，你的员工的工作投入度就越高，他们也就越舍不得离开。

当上护士长仅数周后，罗伯特就遇到了管理者的"噩梦"：他不得不解雇一名犯了错误的员工。他说："我一直在向夏洛特求助，是她帮我脱离了困境。"

罗伯特今年29岁，原来是迈阿密一家重点医院的护士，最近刚升为护士长。之后，他发现自己管理的曾经的同事几乎都是女护士，其中有很多都比他年龄大，经验也更丰富。他的前导师夏洛特也是一名护士长，已经在医院工作了35年。她和罗伯特一直保持着良师益友的关系，并且在罗伯特陷入困境的这一刻及时出手援助。"即使从事护理工作很长时间，当你步入管理层时，这也仍是一项新的挑战。"夏洛特提到，"在业务问题上你无须多问，但你得深谙应对办公室政治的策略。"她指导罗伯特应对难搞的员工，记录他所采取的转变工作思想和立场的步骤，并在医院政策允许的情况下辞退员工。她告诫罗伯特："尽管这件事做起来很难，但你必须做好。"

导师该怎么做？

指导员工不需要特殊培训，也不用花费太多时间。每个好上司都可以自然而然地成为好导师，甚至自己都察觉不到。我们简化了导师制的原理，并给你提供一个操作模板，手把手帮你对员工进行日常指导。

▶ **模范（Model）**：以身作则，言传身教。同时帮员工寻找其他优秀榜样。

▶ **鼓励（Encourage）**：员工需要什么，你就提供什么。随时随地给予鼓励。

▶ **培养（Nurture）**：重视员工的特长和能力。激发灵感，建立联系，促进成长。

▶ **指出公司真相（Teach Organizational Reality）**[①]：对员工实话实说，帮助他们避开那些从未被写入公司规定的职场雷区。

---

① 这几个英文单词的首字母合在一起，即为导师一词的英文 mentor。——编者注

模范——言传身教

我的一位学生是公司高管，他曾鼓励员工注重工作与生活的平衡，这对员工的身心健康、工作效率和幸福程度都十分重要。我很好奇他是如何以身作则的，但他在电话那头却陷入了沉默，稍后他承认："我可能没有以身作则。"他是公司每天第一个来、最后一个走的人，很少在家里陪伴家人。这会给员工造成什么影响？员工只会牢记老板以身作则的那部分，而忽略口头强调的那一套。对员工而言，维持工作与生活的平衡并不是老板强调的重点。

——某高管培训师

值得考虑的是：如何有效地以身作则，让员工模仿你的行为？哈佛大学教授罗莎贝斯·莫斯·坎特提到，模范作用应该是显而易见的，不能遮遮掩掩。"显而易见的榜样是指你应在卜属面前做出表率，这些行为引人注意且指导性强，员工很容易跟随你的脚步。"

如果你希望员工注意工作与生活的平衡，那么请长期以身作则；如果你希望员工注意倾听，那么在每次交流时，请主动倾听员工的意见；如果你希望员工多放权，那么请先将任务下放给他们；如果你希望员工成为终身学习者，那么请先在某个领域尝试学习，磨炼技能。你明白这个道理了吧？

下面给你一些以身作则的小建议。

行动清单

- 认清你的模范作用到底是什么，它是你希望员工学习的吗？
- 指出其他优秀榜样。选择那些员工非常崇拜的本领域的杰出人士。
- 真诚以待。真实地与员工分享自己应对不同局面的经验。
- 讨论一下：你希望成为怎样的榜样？可行性高吗？如何提升自己来树立这样的榜样呢？

鼓励——事不宜迟

真诚地鼓励员工，对方是感受得到的。比如，有个员工说："上司从来没有鼓励过我。"但她的上司却说："我经常表扬她啊！"那如何才能有效地鼓励员工呢？

很显然，关心员工和留住员工是密不可分的。

> 我和上司每周都有一次交流，上司会从工作中短暂脱离，来到圆桌旁和我谈话。我感到我是世界上最重要的人，因为我的上司能花时间倾听我的想法，向我提出问题，并给予合理建议，无论他有多忙。我会永远跟随上司的脚步的。
>
> ——某全球连锁餐厅经理

受到鼓励的员工更有可能留下来，成为优秀的团队成员。

有些领导者能通过闲谈自然而然地鼓励员工。有一个及时鼓励员工的简单的方法，包括以下三个步骤。

（1）认可：注意到员工的工作亮点。

（2）表达：用语言表达鼓励。

（3）动员：用行动表达鼓励。

以上任何一个步骤都能起鼓励员工的作用，但将三者结合起来，效果会更好。举个例子来说，利利安娜把设计精美的宣传单给经理看，并说道："我对新的制图软件做了一些改动。"

▶ **认可。** 经理应该说："嗯，看上去不错。我以前都不知道你喜欢摆弄这些东西。"（回答得不错）

▶ **认可并表达。** 经理应该说："你真的很棒。你是不是希望多从事一些这方面的工作？"（这样回答更好）

▶ **认可、表达并动员。** 经理应该说："如果你喜欢这类工作，你可以告诉制图组的马克，问问他下次制图培训的时间。"（回答堪称完美）

如果没有足够的时间与员工面谈，那么这种类型的即兴互动就更重要了。对许多员工而言，这种简单的互动能释放强烈的信号，让其觉得自己备受领导重视。

行动清单

- 在工作进展不顺利时更应鼓励员工。如果你能与员工有福同享，有难同当，那么员工会对你信赖有加，努力为你工作，留在公司的时间也会更长。
- 鼓励冒险，这对发展有益。不过要考虑到文化的因素。
- 多给员工"打打鸡血"——给予正面反馈，并就职业发展给予建议。

培养——刻不容缓

无数离开老东家的员工都抱怨，前上司从不肯花足够的时间来理解和关心员工。

一声叹息

以下对话引自某高科技公司的一次高管面试。

面试官：你有过自己的导师吗？

高管：当然有。我的导师就是我的上司。他很关心我，经常找我谈话，引发我对手头工作的深入思考。他给了我很大的鼓励，让我一直奋发向前。

面试官：你这样对待过你的下属吗？

高管：这倒没有。我很想做到，但最近真是没时间。

指导员工是需要付出时间的，但不会占用太多。最重要的是，你得主动表明，你真的在意他们。

培养观念

如果有员工提出不同的想法或建议，你是否会毫不犹豫地否决？你是否会把这些想法直接扼杀在摇篮里？员工因此备受打击，心灰意冷，其程度往往超乎你的想象，这更容易使员工产生离职的想法。相反，你应该认真听取这些建议，多问几个为什么，获取更多的信息。然后把问题放一放，好好思考一下。在否定可行性前，先了解一下其中有意思的地方。

培养关系

多创造一些你和员工互相深入了解的机会。

就职于财富500强排名前十的某企业的一名高级营销副总裁曾提到，她希望所有经理都能意识到自己与员工关系的重要性。她说："我并不是说交往需要多么深入，但比如每天一起喝杯咖啡、聊聊天还是可以做到的。"员工希望自己的价值得到认同，希望受到关注和重视。如果他们觉得自己在公司毫无存在感，那他们就会考虑直接离开。

帮助优秀员工与公司内部的其他同事建立关系，这些关系也能帮助他们顺利完成工作，并提高员工的留职率。

在公司中，真正的权力是通过关系产生的。关系网和建立关系网的能力比工作任务、岗位、角色和级别更加重要。

——梅格·惠特利（Meg Wheatley）

行动清单

- 对员工关怀备至，既重视他们的能力，也关心他们的生活。
- 将员工介绍给对他们发展有利的其他人。
- 集思广益，在否定员工的观点前多思考一下可能性。

指出公司真相

你可能听说过这样的故事：一名技术出众的员工因为违反了公司制度，缺乏人际沟通能力，又忽视了公司内部的不成文规则，而直接被公司扫地出门。

很多企业管理书都提到，仅业务能力优秀的人是无法取得成功的。丹尼尔·戈尔曼在自己的著作中提出了 EQ（情商，即控制自己和他人情绪的能力）的概念[1]；保罗·史托兹提出了 AQ（逆商，即应对坏运气或失败计划的能力）的概念。[2] 还有人将领导者傲慢自大、麻木不仁、忽略下属（只关注上司需求，不理下属死活）等态度和行为视为员工职业发展的障碍。

专家们还提到，每家公司的障碍都不相同。傲慢自大可能会迫使一名员工从这个团队出走，但他却是另一个团队的成功要素。关键在于帮助员工辨别在公司里哪些特质应发挥出来，哪些特质需要隐藏。主动告知员工公司的这些真相能帮助员工少走弯路，同时也对公司有利。

一声叹息

　　她是个技术天才，曾以优异的成绩毕业于美国的一所顶尖学校。好多公司竞相聘请她，但她最终选择了我们公司。公司为她提供各种发展机会，安排她和优秀的同事一起工作，吸纳她为各个委员会的成员，并帮她制订了明确的发展计划。

　　可惜，她尽管反应机敏，但在与人相处方面却有很大的问题。她经常无视公司的规章制度，自行其是。然而，没有人提醒她应该如何与人相处，尤其是那些她需要从他们那里获得尊重的同事。

　　慢慢地，她在公司的影响力消失殆尽，尽管还能应付自己的工作，但她已经无法与团队成员顺利沟通。大家都孤立了她，她也越来越觉得在我们公司工作并不开心。我们还没来得及帮助她解决问题，她就主动离职了。

——某高科技公司经理

　　她的为人处世风格在学校或别的公司也许很合适，但这家公司的文化的确不适合她。遗憾的是，没人告诉她这一点。

　　称职的导师会明确告诉员工，哪些行为是公司不允许的。员工应在脑海中保留这样一根弦，提醒自己："这种行为是公司明令禁止的。"这些暗示能提醒员工，哪些会议千万不要迟到，不要跟哪些领导靠得太近。这些都跟公司的不成文规则密切相关，揭示了公司真正的状态和运行模式。

要是你对公司的不成文规则理解得有偏差，从而误导了员工怎么办？的确，你的观点纯属主观感受，但你会因此搞砸吗？要相信自己的判断。

我们从未听说有领导者因为指导员工而导致员工离职，也没听说有领导者因为指导员工而失去员工的信任，更没听说有领导者因为发表了对公司的看法而失去了优秀人才。

员工需要了解你的看法，从而了解如何取得公司资源，如何发挥影响力，如何使报告内容符合上司的要求，如何在会议上发表适宜的言论，等等。员工希望在触雷前就了解这些内幕，或者至少在犯错误后能知道导致错误的原因。

因此，如果你赞成这一观点，希望在今后的员工会议上，你能畅所欲言地跟员工讲讲公司的真相。

行动清单

在团队内部讨论以下话题：

- 就我所了解到的，公司最看重哪些方面？
- 成功和挫折是怎样使我成长的？
- 哪些公司文化最令我惊讶？
- 哪些公司文化是我很难接纳和融入的？

- 我在公司遇到过哪些困难？
- 哪些行为会使大家疏离自己？
- 哪些信息是我以前就想知道，但直到现在才知道的？

在现代企业中，大家都希望打开天窗说亮话，但由于内部竞争激烈，员工很难做到直抒胸臆。大家都讨厌办公室政治，但它的确存在于公司内部。因此，导师需要保护自己的员工，防止他们在这种环境下吃亏。

在一次研讨会后，我们从与会者那里收到下面这样一封信。

> 我之所以写这封信，是要分享我导师的故事，他对我的事业影响很大。几个星期以来，我们一起为公司的明星员工制订发展计划，为此我们在电话中沟通了很多次，也开了好几次漫长的讨论会。尽管工作繁重，但我们还是希望能设计出有意义的计划。
>
> 接下来发生的事很有意思。我们完成了最后的讨论，大家也达成了共识，我看了他一眼并说，"总算搞定了"，然后跌坐在椅中，深吸了口气，整个人都放松了。我很开心，我们总算圆满完成了这项工作。然而，我又瞥了一眼办公桌，上面堆满了各种待推进的项目资料，瞬间，几个星期以来的煎熬在这些工作面前显得不值一提。"天哪，这项工作结束了，还有更多的工作等着我们呢。"我抱怨道。

我的导师盯着我的眼睛，叹道："乔，你怎么能这样想呢？这是我们的工作。如果不工作，我们将一无所有。这些就是我们应该做的。"

这就是良师的价值。

反向指导

你想学习什么技能？你的下属或公司里的其他人能否教你使用社交媒体，帮你提高演讲水平，或者帮你更高效地建立人际关系网络？

请员工成为你的导师，教你更多的新鲜事物，指导你在工作上变得更有效率。由于你的不耻下问，员工也会感受到被重视和被尊重。

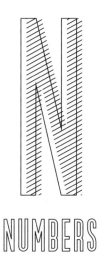

NUMBERS

第十四章

统计：
计算人才流失造成的损失

对核心人才流失给公司造成的损失进行统计，这些数字对领导者具有启发意义，能使领导者更加谨慎地对待员工离职。确保员工在工作岗位上能全力以赴，为公司创造更大的价值。

思考题 员工流失会造成多少损失？

假设某天上午你来上班，突然发现办公室失窃，新买的一台台式电脑不翼而飞。你马上叫来了大楼保安和警察，自己也参与了调查。通过调查，你很肯定自己发现了事情的真相，也知道偷走电脑的人是谁。你并没有置之不理，而是主动加强了办公室的安保措施，确保同类事件不会发生。

回忆一下，你的下属是否因为恶性竞争而受到伤害或直接从你的团队离开？遇到这种情况，你是否进行了调查，又采取了哪些预防措施？也许人才流失并没有引起领导者的重视，主要是因为大家未曾对这类损失进行统计。你可以稍微花时间算一算，最后的结果会让你大吃一惊。

数字和财务报表是商业领域的通用语言，无论是底层员工还是高层领导都对其很熟悉。本书使用的货币单位是美元，很多公司还用欧元、英镑、比索、卢比等 180 多种货币单位之一进行统计。

某大型医疗公司对一年由于员工"意外"离职而产生的损失
进行计算，竟然得出每年 6 000 万美元的计算结果。美国硅
谷某高科技公司计算出的离职损失每年高达 1.2 亿美元。

* * *

我们损失的可不仅仅是好员工——我们损失的都是精
英员工。在每年自愿离职的员工中，每五人就有一人是核心
成员，这带给公司的损失是巨大的，包括生产效率降低、日
常工作量增大、招聘压力巨大、培训成本过高，每年约有几
千万美元的损失。

——某跨国银行首席运营官

预估损失会督促领导者更加注重留住人才。

损失明细表

你可能会认为，找到替代公司核心员工的人并不是什么难
事。的确，你或许能找到这样的人，价格还会更便宜。这种说法
很普遍，尤其是在就业市场人才济济的时期。然而，抱有这种想
法的领导者应该从未计算过人才流失带来的损失。专家指出，聘
用新员工代替核心员工所产生的费用可能达到原先人员年薪的两

倍。找人替代"白金"员工（那些高技能专业人才）所带来的损失是他们年薪的四五倍。

一声叹息

约翰是公司最优秀的工程师之一，负责研发公司的部分关键技术。有一年，他的业绩特别突出，于是期待老板给予一些肯定或奖励。然而他什么都没得到（甚至连句"谢谢"都没有）。他找到老板，要求加薪15%（大约1.5万美元），但老板立刻回绝："想都别想！"约翰离开了公司，投入竞争对手的怀抱，新公司非常高兴，给他支付的工资比原单位高30%。有人会说："没事，我们会很快找人替代他的位置的。"

但事实却是这样的：

- 公司花4万美元请猎头帮我们到竞争对手那里挖掘像约翰这样的人才。
- 3个月后，找到了5名候选人，并组织面试，一共花费了5 000美元。
- 公司选定了新人选（其间经过多次款待及各种游说），最终与其达成共识，奖金为1万美元，迁置补贴为2.5万美元。经过商议，他的工资比约翰高25%（第一年高2万美元）。

总之，雇用一名新员工需要的工资和其他花费至少为10万美元。但这还不是全部。

- 竞争对手得到了约翰（包括他的聪明才智和专业技术），进而赢得了价值数十亿美元的合同。这些原本是属于我们的。
- 约翰的其他同事也伺机而动，而主管听到了这样的风声，于是高层决定连续两年给他们加薪15%（总共约20万美元）。
- 还有两三名关键工程师也去了竞争对手那里，同时带走了专业技术，导致我们的前沿技术外流，竞争对手一夜间变得更加强大。

因此，这就不是仅损失10万美元的问题了，实际上是数十亿美元。这还不包括由于约翰离开而产生的更难计算的费用，诸如士气不振、员工不满和生产效率降低带来的损失。事后看来，约翰的老板（还有其他人）理应设法挽留约翰，对他的成绩给予肯定，按照市场价值支付工资，同时保证他的日常工作具有挑战性，并且他能在公司身心愉悦地工作。由此看来，失去约翰对公司来说是一个代价沉重的错误。

——某全球航空公司经理

上述现实案例似乎不够典型。的确，并不是每名员工对公司都价值数十亿美元，但除了案例中的那个经理，没有人会统计失去核心员工的代价到底有多大。领导者几乎不这么做，因为这样势必要找出人员流失的真正原因，但责任却很难认定。尽管制定留住人才的政策很必要，但大多数领导者都不愿意做这些事。

　　看完以上案例，有些人可能会说："等等，约翰离开公司可是为了加薪。但你不是说过，离职的员工并不一定只为钱吗？"其实在案例里，约翰离开公司的真正原因并不只是希望涨工资。他希望有人倾听他的需求，肯定他的业务成绩，并给予他鼓励。老板伤害了他，使他产生了挫败感：老板面对他的努力没有给予任何肯定或奖励，对他的加薪要求也予以否定。其实，约翰的老板更应该这样做：

- 对约翰的主要业绩表示肯定和感谢。
- 倾听约翰的要求，承认他应该得到加薪——承诺加薪数额和时间。
- 询问约翰，除了加薪，还能如何对他的业绩进行奖励。
- 比较一下留住约翰的成本（1.5万美元）和失去他的代价（你已经知道了——数十亿美元）。

　　如果不计算，你很难想象失去一个好员工的代价有多大！

　　了解了员工流失的代价，建议你利用以下表格来估算找人替代核心员工的成本。[1] 你还可以在空白处写下跟公司密切相关的其他项目。

进行统计

项目	成本
在报纸／网络上刊登招聘广告	
寻找猎头	
推荐人奖金	
面试费用：交通、食宿等	
更高的薪水、入职奖金及其他津贴	
迁置补贴	
员工离职前导致的生产效率低下（办理离职手续、更新简历、在招聘网站上找工作、面试、协商、入职等）	
领导者和团队成员花在面试上的时间	
在新员工入职前停滞的工作	
在找到新的人选和培训新员工期间团队的超负荷工作	
新员工迎新和培训时间	
流失的客户	
流失的业务	
士气低迷，工作效率降低	
人员流失造成的工作断档、生产力下降	
其他员工流失（大家会互相影响）	
失去一名核心员工的总成本	

请注意，这些成本中有些是直接成本（比如前6项），很容易统计，还有一些是间接成本，计算起来比较麻烦，比如加班、客户流失或业务损失（这些都属于机会成本），但往往间接成本是最高的。你这样计算过吗？

一声叹息

作为削减成本计划的一部分，上司告诉部门经理要从部门的 4 名员工中裁掉一个。因为这几个员工的岗位职责差不多，经理很难抉择应该裁掉哪一个。最后，他选择了表现最差的那个。然而，他还没通知这个倒霉蛋，团队中资历最老的员工就主动辞职了。不用解雇任何一个人了，经理总算是轻松不少。上司也很高兴，因为人数减少，降低成本的目的也达到了。故事看起来皆大欢喜，但其实不然。那位离职老员工的生产效率可是计划裁掉的倒霉蛋的近 6 倍！[2]

员工"计划离职"但还没走？

你是否有过每天在公司敷衍了事，并未全身心投入工作的经历？这会给公司带来什么损失？

盖洛普的一项调查显示，在美国，公司员工蓄意离职（表现为工作不开心，常常表达不满）造成生产效率下降，每年产生的损失高达 3 000 亿美元。韬睿惠悦、世界大企业联合会、贝恩咨询公司的调研结果也支持了这一结论。[3]

总结一下，我们已知员工离职的成本高昂，而这种"心不在焉"的工作状态对公司的损失更大。

好消息是，抓住人心能留住更多好员工。

考虑一下：

· 人员流失率降低 1 个百分点，能为公司节省多少费用？如果
　不用招聘、录用和培训新员工，公司会怎样使用这笔钱？

　　据统计，人员流失率每降低 1 个百分点，就能为公司节
省 9 100 万美元。公司的仓储经理经常提及，希望购买几台
最新款的复印机，但是每台 20 万美元的价格让大家望而却
步。但一名经理在计算了公司人员流失可能产生的损失后发
现，这些钱都够买 455 台复印机了！大家都笑了。如果能留
住好员工，公司就不会有这些损失了。

　　　　　　　　　　——联邦快递文件影印与运输中心管理会议

· 优秀人才如果多花 5% 的时间和精力在工作上面，能为公司
　创造多少价值？你可以用这些钱做什么？

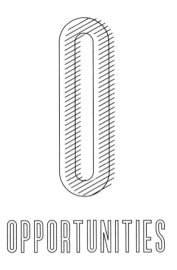

OPPORTUNITIES

第十五章

机会：
不断为员工提供成长可能

研究表明，人们留在公司最重要的考虑因素是：有机会接受挑战，从事的工作有意义，以及可以学习新知识。

留住好员工，需要领导者时刻为员工留意各种机遇（褒义的机会主义）。请与员工一起发掘机会，满足员工求新求变的需求。团队里要是有人对发掘新机会跃跃欲试，领导者应该对此感到欣慰。（不过，如果团队中没有对生活中的一切抱怨连连的人，领导者也应对此感到庆幸。）

领导者也必须提高警惕，如果不能帮员工成功把握机会，那么他们必然会流向能提供机会的其他公司。

思考题 员工能在公司内部或外部找到更多发展机会吗?

如何理解"OPPORTUNITY ISNOWHERE"这句话?

乐观一些的人会将其理解为:"机会无处不在!"(Opportunity is now here!)

悲观的人则会说:"机会无迹可寻。"(Opportunity is nowhere!)

也有人会看成无法连成句子的一组单词"Opportunity I snow here"。(如果你是这样理解的,那我得找你谈谈了。)

这只是个引人发笑的玩笑,但揭示了员工对公司发展前景的看法。有人在分析过公司发展蓝图后,觉得公司无法提供自己期待的学习和成长机会,且工作的挑战性不强;有人在进行分析后认为公司的发展机会比比皆是。有些人善于发掘机会,有些人却对机会视而不见。这两类人有什么区别?区别在于其领导者。

关爱型领导者以留住好员工为己任,他们能帮助员工在公司内部发掘机会,以此留住员工,让员工为公司最大限度地发挥聪明才智。

一声叹息

琳恩是公司冉冉升起的新星，注定要为团队做出重大贡献，她的出色表现也为上司争了光。有一天琳恩提交了离职申请书，上司很好奇原因，她回答说："在这里工作很开心，您对我很好，同事们也十分友善。但我想有一些新变化，而有家公司能提供给我新的机会。我没有主动去寻找，一切都是自然而然发生的。我决定去试试。"

上司很遗憾没能留住她。公司到底应该怎么做呢？上司已经给她提供了高薪，但全新的机会还是让她动摇了。在这之后，上司对此进行深究并发现，公司内部完全可以给琳恩同样的机会。

在这件事中，双方都有责任：琳恩没有主动询问，她的上司也没有帮助她挖掘机会。

"你为什么离职？"是离职谈话中被问得最多的问题，而"离开是为了更好的发展机会"则是关于这个问题出现频率最高的回答。有时，这样回答可能是权宜之计（总比说"我的老板是个笨蛋"含蓄），但有时这也反映了真实问题。金子在哪里都会发光，要想留住好员工，就得学会在公司内部挖掘"机会宝藏"。

"机会宝藏"指褒义的机会主义，从字面意思也能理解，这种宝藏意味着深入挖掘、细心探寻并最终获得新机会，其中的三个关键动作包含寻找、观察和把握。作为领导者，你可以和员工一同挖掘机会。先感受一下自己对机会的敏感程度。填写下面的机会调查表，看看你对机会的感受力是高还是低。

机会感受力自测

根据以下评分标准，记录每条陈述与你匹配程度的得分情况。（1分＝很少，2分＝有时会，3分＝通常，4分＝总是）

1. 在考虑别人的观点时，我不觉得别扭。　　　　　＿＿＿＿

2. 我寻找并利用新技术来提高生产效率。　　　　　＿＿＿＿

3. 我熟悉市场趋势，对竞争对手的底细一清二楚。＿＿＿＿

4. 我在团队中表现得很积极。　　　　　　　　　　＿＿＿＿

5. 我积极开拓关系网，来支撑我的职业发展。　　　＿＿＿＿

6. 如果前一两次尝试都失败了，我可以灵活地
   调整计划。　　　　　　　　　　　　　　　　　＿＿＿＿

7. 我能很自然地解释公司政策和做法上存在的
   "灰色地带"。　　　　　　　　　　　　　　　　＿＿＿＿

8. 我通过正式渠道（如岗位描述）和非正式
   渠道（如谈话）告知他人我的工作兴趣。　　　　＿＿＿＿

9. 我知道如何联系人员和寻找信息，其他人
   都来找我打听内幕。　　　　　　　　　　　　　＿＿＿＿

你的表现如何？得分超过 27，说明你对机会十分敏感，已经做到了为自己甚至下属寻找、观察和把握机会。如果得分低于 18，那你应该认真学习以下内容。只有对机会时时留意的领导者才能真正帮助员工找到成长的可能性。

这个世界上没有什么是完全可靠的，有的只是机遇。

——道格拉斯·麦克阿瑟将军[1]

寻找机会

寻找机会的人总能看到新事物的闪光点，并能一直跟随着机会的脚步。你的这些积极举动会影响员工。当然，寻找机会本身对你也十分重要。

你是否了解员工需要怎样的机会，并为他们寻找机会提供支持？（当然，哪怕这种机会包括优秀员工离开团队。）

某工程公司的领导者都是善于挖掘机会的人。在公司文化中，员工一旦对工作感到乏味，渴望挑战、晋升或尝试不同类型工作，就可以明确地提出这一点。领导者会定期举行员工会议，专门讨论员工的兴趣点和需求。公司提供各种发展可能性，并把员工的发展目标与机会联系起来。多年来，这一举措的成绩清晰可见，公司不仅留住了优秀员工，还因为充满机会而吸引了更多求职者。

　　这家公司采取的方式颇为正式，你不一定需要这么做。你可以创造自己的方式。

　　定期召开员工会议，会议主题应围绕员工的职业和他们可能在寻找的发展机会，问题可能包括"如果公司没有发展机会怎么办？""领导者不能提供帮助的话，可以鼓励员工离职吗？"要想回答这些难题，你可以站在员工的角度考虑问题。如果你的上司主动给你提供发展机会，你的感受会是什么样的？此后你对上司尊重的程度和对工作的投入程度有什么变化？你对上司和公司的忠诚度会发生什么变化？事实上，它们都上升了。

行动清单

● 询问员工，他们想要怎样的机会，并突破传统思维限制，问问他们除了脱口而出的升职这个答案，还期待哪些机会。例如，今年计划学习哪些新知识。

　　某跨国连锁酒店的领导者帮助员工发掘更多的学习机会，其中一个学习途径就是在线学习平台。实践证明，给予员工在线学习的机会能留住更多的优秀人才。四成受访者认为业务学习机会多，是使他们继续服务于公司的首要因素。

- 通过集思广益，发掘公司内部的发展机会，提升业务能力。
- 与其他部门的领导者广泛交流，发掘新机会。

请记住：不主动发掘，机会就不会从天而降。

发现机会

只有换种方式、换个角度看世界，才能发现新机会。让人变聪明很难，但教会他们以全新角度看待问题还是可以实现的。

回到本章的第一页，你看到了什么？机会究竟是"无处不在"，还是"无迹可寻"？

大多数人都会锁定一个观点，并对自己的发现颇为自信。你的答案也许无非就是前者或后者，但你之后根本不会考虑其他可能的答案。试试将这个问题抛给员工，这是个讨论机会的好契机。

领导者如果时刻留意着身边的机会，那就不但能帮助员工寻找机会，还能让他们在机会来临的那一刻及时察觉。

我的上司曾经指派我参加一场重要的学习活动，在场的人仰望我的眼神就如同注视着一位行业专家。此前我在公司毫不起眼。如今，我非常理解成为这样的领导者对我的下属是多么重要了。

——津巴布韦某高科技企业经理

你要做的是重新解读机会，阐释清楚机会的特点和不同机会之间的区别，让机会以其他形态出现，帮助员工更好地发掘和理解。最好的做法当然是教会员工自主发掘机会。在这个过程中，扪心自问："应该去哪里寻找机会？我们找得够仔细吗？"

> 某制造企业有一个由 360 多名员工组成的内部网络，借助该平台，员工们可以畅所欲言地讨论自己的感受和需求。该网络有个数字化数据库（叫作内部信息联络网），包含所有员工的名字和背景资料。
>
> 　另一家企业经常举办内部招聘会，它给员工传递了这样一个信号："寻找新机会，不妨从公司内部开始。"

这些方式真的十分有效，也可用来检验公司的真实吸引力。如果你所在的公司没有员工数据库或内部招聘会，你也可以组织交流会，让踌躇不决的员工和你熟悉的其他领域的人士进行交谈。你还可以让员工暂时替代那些休假同事的位置，换种方式寻找机会。你会这样做吗？

行动清单

- 观察公司、部门或团队内部的变化。有没有新项目即将启动？
- 观察是否有部门的规模待扩大或缩减。在发展迅速的部门，肯定有好机会。

- 观察是否有人将退休或离职寻找新机会，从而给你的优秀员工制造新的机会？

把握机会

很多人善于寻找和察觉机会，哪怕它隐藏得很深。但是，人们并不擅长把握机会，而这应该是敏锐的人最需要具备的能力。比如，你肯定认识这样的人，他们总是差一点儿就买了那些能赚大钱的股票或房产，差一点儿就学会了一项运动，或者做的旅游计划差一点儿就可以成行了。

如果你在机会调查表中得分很高，那说明你不仅擅长寻找和察觉机会，也擅长把握机会。要想留住好员工，请帮助他们学会把握出现在眼前的机会。如果存在阻碍，那你应该帮助员工找到其中的原因。

行动清单

- 如果员工没有制订行动计划，请帮他们分析原因并指导其制订计划。计划中应包含行动步骤、计划进度、风险分析、所需支持（说明从何处获取）等。
- 如果员工未能执行计划（以工作太忙、资源配置滞后等为借口），你可以为其提供支持。定期举行会议来讨论进程，通过头脑风暴的方式来探讨解决问题的方法。

- 如果员工总爱放"马后炮"（做事优柔寡断），应帮助其避免这一问题，及时指出这种行为并不能做到有效评估，只是一种拖延策略。此外，帮助员工在全面分析问题后再行动。

- 如果员工认为某个机会不适合自己，应帮助其判断这个选择正确与否。经过仔细评估，可以确认哪些机会可以放手。

- 如果员工在他人的怂恿下会轻易放弃，应帮助其坚定立场，对反对者或风险厌恶者的言论置之不理。那些唱反调的人只是不敢抓住机会而已。

- 如果员工对采取行动有所畏惧，应帮其战胜恐惧。有时，人们需要他人的加油打气，尤其是在裹足不前时。主动与其探讨各种可能性——如果失败了怎么办。人们害怕承受风险造成的后果，但实际上，风险并不致命。

> 到达橡树顶端有两种途径：一是坐在一颗橡果上傻傻等待，二是努力向上爬。
>
> ——凯蒙斯·威尔逊，假日酒店创始人

PASSION

第十六章

热情：
维持员工的工作兴趣

热爱工作的人往往也能取得非常好的工作成绩。如果工作没有热情，再优秀的员工也无法在工作中全力以赴。因此，帮助员工寻找和发掘兴趣点，将其应用于工作中，并铲除途中的重重障碍，将使员工重拾工作热情，这对留住好员工和提升工作效率都是意义非凡的。

思考题 你了解员工每天起床的动力是什么吗？

你的员工最喜欢自己工作的哪方面？你是否可以帮助员工尽量多做自己喜欢的工作？

工作的热情通常是指人们在从事自己喜欢的工作时神采飞扬，感觉不到是在工作，而是沉浸在一种"快感"中。当然，就算是有激情的人，也不会每天都体验到激情，但如果失去了激情，人们还是能明显感受到的。

知之者不如好之者，好之者不如乐之者。

——孔子

员工热衷的事情

你了解员工对什么工作充满热情吗？就这个问题，我们调查了几十名员工，以下是收到的回答。

- 我喜欢创造新东西，尤其是人们没见过甚至根本想象不到的东西。
- 与精英团队共事，令我激动不已。这里的杰出人士实在太多了。
- 我喜欢制图、焊接、构建东西。
- 比起与人打交道，我更愿意与数字打交道。
- 在数学中发现新规律时，我感到特别兴奋。
- 我乐于帮助别人取得进步，并在过程中享受愉悦。
- 我喜欢管理人员，激励和引导一支团队从事伟大的事业令我感到兴奋。
- 我喜欢力挽狂澜，把看似不能解决的事处理好。
- 我为成为伟大公司的一员感到自豪。

上述形形色色的答案都揭示了一个共同的主题：做自己喜欢的事情时，人们往往能有最佳表现。如果能使员工在工作上充满激情，那领导者和员工双方都能受益匪浅。

比起日常活动，热情与真实世界联系得更加紧密。如果对某事充满热情，你就会全身心投入其中，由此创造你的未来。

——弗朗西斯·福特·科波拉

挖掘员工的兴趣点

如何帮助员工找到能够使他们沉浸其中的工作？先通过不同方式询问员工，因为人们会对措辞不同的问题给出截然不同的答案。比如："你喜欢从事怎样的工作？""你的兴奋点在哪里？""工作带给你的最大的喜悦和乐趣是什么？""你目前的工作是你自己选择的吗？"（最后这个问题是由新加坡的一个同事贡献的。在新加坡，"热情"一词无法涵盖本章主题。）

对你收集的答案进行深入分析，并创造性地想一想，如何能使员工将热情投入各自的工作。

> 每个月，国内的几个公司主管都要聚在一起，对如何重建工作热情进行头脑风暴。会后，每位主管都负责向所在的团队传达会议精神，并持续激发大家的工作热情。
>
> ——某跨国制药公司创始人

你上一次把团队召集在一起，征求意见并鼓励创新是什么时候的事？你上一次与团队成员坐下来共同思考问题是什么时候的事？员工喜欢和上司公开地探讨问题，还希望时不时能天南地北地聊一聊。你知道谁最向往这样的交流吗？谁最能在这种交流中获益？你是否为员工在这方面投入过时间？

领导者可参考以下形式，与员工展开"关于工作热情的谈话"。

经理：你喜欢做什么？你对什么工作充满激情？

玛尔塔：我最近刚学会一款新的绘图软件，我在练习给我的教堂做宣传册。我还挺乐在其中的。

经理：你能把这个爱好应用在工作中吗？

玛尔塔：我也一直在考虑这个问题，可以试试应用在咱们公司新的时事通讯的版面设计上。

经理：目前你的工作量不小，那在工作之余，你还有这个精力吗？

玛尔塔：我肯定首先得把手头的工作完成，你也知道我会这样做。设计工作在我的本职工作之外。

经理：咱们试试看，你在启动后随时告诉我进度，看看效果好不好。

　　玛尔塔烦透了自己目前的工作，重复的内容已经做了好多年，激情早已被岁月磨蚀。她甚至打算辞职走人。启动新项目后，玛尔塔积极投入工作，与团队合作，俨然变成了一名优秀的版面设计师。身边的人都对她赞不绝口，也惊诧于她杰出的工作表现。

　　从此，玛尔塔逐渐开始负责多个设计项目，上司也与她一起对岗位职责进行重新调整，她之前的部分工作安排给了其他人。玛尔塔的工作热情再次高涨，她每天早上都是被梦想叫醒的。转变的关键在于上司帮助她发掘了热情，并在实践中将其很好地利用。

如果员工的兴趣点在工作之外呢？比如有人对滑雪更感兴趣，或者有人更喜欢在家照顾孩子，这时又该怎么办呢？考虑一下公司该如何创造条件让员工按照喜欢的方式工作，远程办公、弹性工作和内部托儿中心等都是激发员工热情的好办法。

> 我不敢想象失去这份工作。每天的工作不错，团队也给力。但工作最吸引我的一点就是，几乎每周五，团队都组织去滑雪。为此，我们都加班加点提前完成任务，哪怕晚上和周末加班都在所不辞。然后我们就出发去滑雪啦。我热爱滑雪，我的工作也允许我每周都放纵一下。没有其他的工作能代替它了！
>
> ——某软件公司会计

员工的高效率能为公司和团队不断创造效益，上司的弹性工作制行之有效。

行动清单

* 询问员工喜欢做什么，对什么有浓厚的兴趣。
* 深入分析，举例说明，确保你真正理解员工的意思。
* 发挥创造性，与员工共同探讨如何重燃工作热情，或者灵活处理工作，为员工腾出更多时间在工作之余参加兴趣活动。

引爆热情的三种方法

在成立团队时，大多数领导者需要一点儿帮助。以下是一些可供参考的热情引爆点。

雇用对工作充满热情的员工

为什么不一开始就选择对工作充满热情的员工呢？在面试过程中，仔细观察面试者是否对在公司施展拳脚抱有热情，是否对部门的工作内容感兴趣，或是否喜欢在团队里工作。如果团队成员都是激情澎湃的员工，那么他们不仅会产生效益，还能互相影响，不会轻易离开公司。

分享你的热情

和团队成员分享你对工作的热情，你的行为将成为他人的榜样。

某新兴金融公司的高管在最近的一次会议上发表讲话。他走进会场时，人们纷纷站起来向他致以雷鸣般的掌声。这次讲话的主题是关于挑战与成功的，尤其强调员工在公司取得成绩背后的作用。他在讲话中指出："公司的成功主要靠产品、流程和人员。没有员工的努力，我们得到的一切都是毫无意义的。"结束前，他又指出："我热爱公司，更热爱公司的每一个人。"整个会场沸腾了。

　　这名高管对工作和员工抱有极高的热忱，并且不吝惜将这种情感分享给每一个人。

共享意义深远的使命

　　如果你将公司发展的重点从利益最大化转变为意义最大化会怎样？如果你能使员工深切认同公司的发展计划又会怎样？

　　说到计划，你有自己的计划吗？团队或公司得以存在的原因是什么？你的使命是什么？请和你的员工分享使命。然后，把员工的工作和使命紧密相连，让员工明白，他们付出的努力确实为公司发展贡献了力量，每个人对你、对团队、对公司都十分重要。

　　我在这里做门卫和维修工已经有30个年头了。我的工作是负责照顾需要护理的老年人的日常起居。他们经历了多年的风风雨雨，理应享受最好的照料。我热爱工作，尽可能把这里收拾得既漂亮又安全，为工作和居住在这里的人们营造舒适的环境。院长给我颁发了一张奖状，以表彰我的优异工作，并在所有人面前强调，我的服务对大家有多重要。这张奖状一直挂在我家的墙上。

　　　　　　　　　　　　　　　　　　——某疗养所维修工

这个人非常清楚自己工作的价值所在。他为了单位的使命而来，并由此获得了激励。

行动清单

- 雇用对工作充满热情的员工。
- 分享你的热情。
- 清楚地说明公司或团队的使命，并将其与员工联系起来。

别让热情被遏制

有时，热情的火焰只在开始阶段旺盛燃烧，然后就慢慢变小，最后悄然熄灭。如果员工的热情被遏制，工作时的激情四射很快就会被无精打采代替。当然，员工会重新寻觅能重燃热情的地方。

一声叹息

他喜欢从事培训工作，也表达过想在这方面获得更多机会的愿望。每当机会成熟时，他都自告奋勇去上课，哪怕不是技术培训也行。他学过一种能鼓励团队的方法，十分有效。然而，我没给他从事自己热爱的工作的机会，因为他是优秀的工程师，扔下自己的核心项目去做其他事对公司没有益处。事后看来，我当时的决定是愚蠢的，我本想留住他的人和时间，结果两样全丢了。6个月前，他离开了公司，换了一份能发挥自己的热情和才能的工作。

——某公共服务机构主任

公司的束缚

公司的什么束缚使你无法向员工提供他们所热爱的不同类型的工作？限制你的因素通常有很多，有人认为这才是现实世界的真面目。你也许会觉得，公司并没有提供足够的以下资源：

▶ **时间**——领导者都没时间做完手头的工作，更别说花时间帮员工找兴趣点了。

▶ **资金**——公司的预算有限，没有多余的资金支持。

▶ **人员**——领导者刚刚辞退了试图让员工参与具有社会意义的社区服务项目的人力资源专家。领导者就算有时间，也不懂如何应付这些联系。

▶ **高层支持**——领导者的上司和领导者的处境相同：同样缺时间、缺资金、缺人员……

▶ ＿＿＿＿＿＿＿＿＿＿＿＿＿＿（如果还有补充，可填写在空白处）

这些束缚可能真的存在，但请记住，如果不帮助员工找到兴趣点，你就会失去他们。你有足够的时间、资金和人员来应对损失，重新寻找替代的人吗？

计划赶不上变化

想一想：十年前你热爱的事物，你现在还喜欢吗？你是否培养了几个新爱好？

> 有时热情不复存在，是因为人本身发生了变化。我有一份未读书单，我之前对这些书的主题很感兴趣，但现在却觉得兴味索然。人的热情可能从其他地方涌了出来。
>
> ——本书的一名评论者

这就是"在职谈话"的重要性所在。你需要定期与你想留住的优秀员工进行谈话。员工的热情会改变，当激情不在时，离职的风险会大大增加。了解员工的新想法，并帮他们发掘新的兴趣点。

个人利益

你帮优秀员工发掘了热情所在，他们却有可能离你而去，追求自己的梦想。因此，出于对个人利益（有时候是集体利益）的考虑，你不愿意再讨论兴趣、热情之类的话题了。不过，这种讨论其实能帮你留住更多的好员工，向他们提供在公司从事更有趣、更有意义的工作的机会。

> 我热衷于参与社区组织的志愿活动，晚上和周末，我都

会和成员一起帮助洛杉矶平民区的孩子们。我们不仅教孩子们知识，还给他们提供安全的学习环境和受教育的机会。说实话，我平时上班顶多来到公司，简单干些工作，然后5点下班准时离开。一次，我和上司聊天，提到了我做的志愿工作及其对我的重要意义。上司突然想到，公司准备启动一些社区活动，计划在公司设置一个新的岗位。后来我就成为公司社区项目的负责人，我的热情得以应用于工作中。只要我能一直做这份工作，我就不会再离开公司。

——某娱乐公司主管

尽管团队中失去了一名员工，但是公司将他——还有他对工作的热情——留住了。

行动清单

- 发现公司里限制员工热情的因素。这些因素真的存在吗？应该如何应对它们？
- 袒露自己的私心。深入了解帮助员工找到工作兴趣点的利害关系。
- 支持并鼓励员工改变、扩大、展示自己的兴趣点。

波·布朗森（Po Bronson）在《这辈子，你该做什么？》一书的末尾讲了一个故事。一次，他应戴尔公司的迈克尔·戴尔之邀，

参加商务委员会的一次集会，有百余名全球大公司的首席执行官
参加了这次集会。会上，有人向高管们提问："员工的需求点在哪
儿？公司应该如何做，才能激发员工的工作热情，从而获取更大
的价值？"

　　布朗森是这么回答的：

　　员工想要找到他们感兴趣的工作。单纯地用奖励吸引员工只
是权宜之计，培训很重要，但远远不够——要知道，如今高
学历员工比比皆是，但他们并未全力以赴，对自己的处境没
有安全感，对推动现代文明巨轮前进所做的贡献太少。他们
似乎只是局外人，未曾发挥全部的潜力。因此，公司要善于
引导，鼓励员工发现兴趣点。如果员工所做皆所爱，那效率
爆棚也是指日可待的。[1]

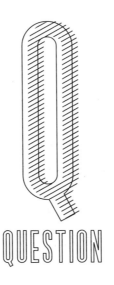

QUESTION

第十七章

质疑：
反思规则，跳出盒子思考

你有多长时间没有质疑过规则了？你支持质疑规则这一行为吗？请鼓励员工质疑工作方式和削弱生产力、降低员工满意度的规章制度，并共同对不合时宜的规则进行修正或废除。这样，留住好员工的概率才会大大增加。

思考题 *你想坚持规则，还是想留住人才？*

创新的确重要，但支持创新却困难重重，为什么？在肯定之前一定会随口否定，为什么？有先例为之，才允许员工按自己的想法做事，为什么？

当员工提出新概念、新想法，甚至打破了常规时，他们希望听到"你抓住了重点！""我们试试看。""也许能成功。"这一类的回应，希望你（至少时不时地）能提供支持，真正地鼓励他们进行改变，希望你认可他们提出的好点子和解决问题的新办法，希望你能支持他们继续质疑。员工有了质疑工作、公司甚至整个行业的规则的自由，你留住员工的可能性就会大大增加。

规则可以被打破

如果没有规则，整个世界就会乌烟瘴气、杂乱无章。规则能保障社会运行的基本秩序，但人们也认可，进步与发展需要对规则进行必要的质疑和挑战。

如果下面这些人没有对规则进行质疑，结果会怎样？

- **莱特兄弟**：为什么人不能飞？
- **乔布斯**：为什么不能制造一部同时可以作为电脑使用的手机？
- **爱迪生**：为什么人们不能用电来照明？
- **弗雷德·史密斯**：为什么不能将包裹隔日送达国外？
- **乔纳斯·索尔克**：为什么不能预防脊髓灰质炎（小儿麻痹症）？

如果以下这些问题也没人提出过，结果会怎样？

- 为什么人类不能登上月球？
- 为什么不能将激光技术应用于外科手术？
- 为什么不能将信息与远方的人们即时共享？
- 为什么不能建立网上的社交平台？
- 为什么不能发明隐形飞机或轮船？

你明白了吧？那些质疑规则并最终打破规则的人，是时代的创造者，他们改变了人类的生活方式，当然更是成功公司的中流砥柱。

一声叹息

> 达伦是公司的新员工，主要负责给公司提出新意见和新观点。第一个月，他挺不招人待见的，因为他凡事都要深究原因，问题包括："你为什么要这样做？""你觉得 8 个步骤可以减为 4 个吗？"公司的做事风格沿用已久，既然没有问题，为什么要改变？达伦就这样干了 6 个月，然后突然离职，大家都大吃一惊。他说，既然他的新想法在公司不受欢迎，那他就离开好了。后来，大家终于发觉，达伦做的才是对的。
>
> ——某跨国医疗技术公司经理

你也许会说，达伦应该先按兵不动，等几个月后再提出改变的意见。但公司给他的任务不就是提出新意见吗？只有公司鼓励创新，达伦才会在工作中真正觉得英雄有用武之地。

面对员工的质疑，你的态度是开放的吗？

行动清单

完成以下问题，看看你更像经理 A 还是经理 B。

- 当员工质疑规则时，我的表现经常是：

  经理 A

  ◇ 很快给出"是"或"否"的答案

  ◇ 直接告诉员工这么做的原因

  ◇ 告诉员工，我没有时间处理这个问题

◇　　让他们找别人说

经理 B
◇　　愿意与员工共同深入分析
◇　　尽量避免直接给出现有做法的背后原因
◇　　给解决问题制订时间表
◇　　如有必要，帮助员工寻找其他可能替代的做法

更像经理 A 的话，你就是一个行动至上、追求效率的人。即使你的优点多得数不过来，你也不是一个乐于接受质疑的领导者。员工很快会识破这一点，然后：

· 停止质疑
· 停止创新
· 失去热情（工作效率也很可能因此降低）
· 离职，去能接受质疑的公司

更像经理 B 的话，你就是一个高效的领导者，同时也对员工的质疑怀有一颗开放的心。你经常会思考："如果换一种方式会怎样呢？""为什么不看看改变政策的可行性呢？""这样做会提高生产力吗？"你经常和员工进行头脑风暴，并努力和员工一起寻找问题的答案。

想想首次提出下列建议的人：

- 轮岗制
- 弹性工作制
- 远程办公
- 便服上班
- 自我管理型团队
- 托儿中心
- 员工持股计划
- 产假／陪产假

这些曾经也算是创新举措，而现在已被当成理所当然的制度。十年前，上述建议在公司内部是否被大家欣然接受？如今又有哪些变化？如果某项规则已经不适应公司的发展了，应找到相关负责人质疑该规则。

一群印度的高级工程师提出了几个在有些人听来挺奇怪的要求。他们让他们的主管向高级工程经理提出以下要求。

- 在办公区域铺上地毯，这样他们可以按照风俗习惯，在上班时脱掉鞋子并将其靠墙摆放成一排。
- 设置厨房，这样他们的妻子就能来公司给他们烹饪他们喜欢的印度菜了。

公司从未有过这般先例，公司政策也不允许这样做。高级工程经理在分析了得与失（得，即团队融洽；失，即5 000美元的成本）之后同意了，认为5 000美元对激励团队、留住人才还是物超所值的。

在这个故事里，团队主管敢于替员工发声，向上司提出要求；高级主管善于倾听，有远见和胆识进行尝试。你也是这样的领导者吗？

请将质疑坚持到最后

你是否经常听到疑问？人们通常没有时间提出疑问，或者说话的人并不是真的想质疑什么。如果你对质疑持开放友好的态度，请欢迎员工随时随地就任何方面提出自己富有见解的疑问。

没有被提出的问题如同一扇没有被打开的大门。

——梅若李·亚当斯，《改变提问，改变人生》的作者

设想一下，好员工流失（通常流向竞争对手）的主要原因之一是没人愿意倾听创新员工提出的富有挑战性的问题。

一声叹息

> 他总是非常忙碌，我们的确不应该带着程序方面的问题和新想法打扰他。他喜欢循规蹈矩，也要求我们严格按照规定完成任务。我们团队曾找到一个快速生产高质量产品的好方法，只要试一下，肯定能帮公司赚钱，但可悲的是，大家都保持沉默，只是埋头干活。后来，我从公司离职了，找了一份更需要创新精神的工作。
>
> ——某制造企业团队主管

在某些文化中，教育体制更强调事实和答案，因此提出疑问不是易事。在这种文化中，人们需要仔细考虑提问的方式是否恰当，以免造成负面影响。

如果在你所处的环境中，质疑规则属于不按套路出牌的冒险行为，作为领导者，请找专家协助你改变传统的思维模式和行为方式。员工会感谢你这么做的！

过犹不及：不计其数的规章制度

规章制度在一定程度上对有效运营大型综合性企业是十分必要的，但其增长速度往往过于迅速，会集结成"大部头"的公司手册，进而阻碍生产效率和创造力。曾有团队开玩笑地称其为"规则之巨轮"。

> **塞雷娜**：你知道吗？为了获准支出30美元，我用了3个星期，
> 找了15位主管签字，包括首席财务官。
> **老板**：为什么必须如此费力？真是可笑。
> **塞雷娜**：这是公司规定。
> **老板**：那我们试试打破规定。

　　流程再造（20世纪90年代被广泛应用）是关于打破限制性规则的方法。很多公司真的就是从零开始，逐步创造全新的简洁流程。某医院将所有员工召集到一间大会议室，来观察他们做事的方式。他们设置一个病人来看病的场景，病人就带着材料在这间会议室内流转，与平时需要打交道的负责办理入院、诊断、转诊和治疗的工作人员一一碰面。每一步都严格按照医院规定，结果却令所有人大吃一惊：病人在真正开始治疗前，需要在医院庞大的管理迷宫里停留50次之多。

　　不断膨胀的规章制度有时候也需要被质疑。在这种体制下，员工可能会疲于应付烦琐的程序，更不要说写各种书面材料了，这也导致他们在创造新产品、新服务，以及制订新的解决方案方面花费的时间和精力减少，他们可能会寻求其他约束少、更自由的工作机会。

　　俄罗斯有句名言叫"规则是用来避开的（而不必被打

破）"，这对规则制定者而言是一种挑战。然而据我观察，规则限制人的行为，没人会对这一点感到高兴。

——百事可乐俄罗斯分公司经理

行动清单

- 鼓励员工提出疑问，让员工明白，任何时候提出疑问都是值得肯定的。
- 支持员工精简不必要的规则，并成立"精简委员会"，将不利于公司发展的规则一一挑出来。
- 定期举行规则精简大会，主要清算不合时宜的规章制度。每次会议请不同的人来主持。反复检验那些你也认为需要废止的规定。

跳出盒子

肯定有人让你"跳出盒子"去思考（可能还不止一次）。但是，领导者反而会认为盒子（通常是上司）套在自己身上，而自己被要求在限定的范围内思考和行动。一般而言，这些限制严格死板，就像是被水泥墙封死了似的。不过换个角度考虑一下，你的盒子也可以由不同材质制成，每种材质的性质各异。举个例子说明：图 17.1 的盒子由四种材料组成。

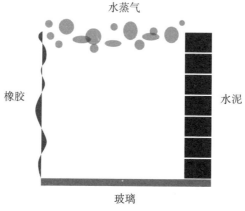

图 17.1　由四种材料组成的盒子

- **水泥。**这堵墙代表的制度严格死板，固若金汤，坚不可摧。例如：“你必须具有医学学位才能在医院执业。”

- **玻璃。**这堵墙结实坚固，但抓住时机用适当的工具还是可以打破的。这代表那些看似坚不可摧，实则不堪一击的制度。例如：“女性不可能成为大公司的高管。”

- **橡胶。**这堵墙厚重坚固，但如果使劲推一下，你会发现它还是有些弹性的。这代表那些有回旋余地的制度。例如：“我们每周工作 40 个小时，从上午 8 点到下午 5 点，每周工作5 天。”

- **水蒸气。**这堵墙由人们对规则的信仰、假设和理解组成。例如：“人不可能飞翔。”

审视一下你所遵循的规则，你就会发现极少数是用水泥筑造的，坚不可摧只是给人们的感觉而已。最可怕的盒子其实是那堵水蒸气墙，你（或公司）的信仰和假设通常是阻碍质疑规则的罪魁祸首，也会让你对员工的呼声充耳不闻。

> Sportsmind 是一家专门培训领导者进行高绩效团队建设和经验交流的公司。在为期一周的培训中，有一项训练是攀爬一根 9 米高的杆子，然后从顶端跳下抓住秋千（当然，这都是有安全保护的）。小组里有一名下身瘫痪坐轮椅的经理，他非常希望参加所有项目。其他组员受水蒸气墙的限制，都认为他不可能完成这个项目。但这名经理执意参加。培训师在私下商议后，给他出了个主意。最终，经理靠手臂力量和安全绳的帮助开始攀爬杆子，队员们都在下面给他加油打气。爬到顶端的那一刹那，他激动地哭了，大家也哭了。
>
> ——Sportsmind 前培训师

这个经理和他的同事一起找到了对抗水蒸气墙的办法。培训落下帷幕后，他说，他再也不会被规则束缚了。

行动清单

- 在员工质疑各种规章制度时，不要轻易说"不可能"。
- 看看是盒子的哪堵墙限制了你（和其他人）。

- 和员工共同修改或打破规则，除非这项规则是一堵水泥墙。
  审视一下困住你的水蒸气墙。在否定新想法之前，先公正地
  进行分析。

一家大型园艺公司的经理发现，自己被困在规章制度（绝大多数属于水蒸气墙）的盒子里。他所在的整个团队是由 Y 一代构成的，但他自己却是婴儿潮一代。他认识到，老一代人制定并遵循的规则已经成为留住年轻的优秀员工的绊脚石，于是决定进行两项对自己而言大胆、对年轻人来说却极为正常的尝试。他告诉大家，可以将办公室涂成他们想要的任何颜色，也可以边听音乐边工作。整个团队欣喜若狂，给办公室涂上了最时髦、最明亮的色彩，戴上耳机投入地工作。这名经理的这一制度创新，促使团队工作效率和业绩飞速增长，他也很兴奋。

同样质疑自己

优秀的领导者不仅能质疑别人，更能质疑自己，后退一步反思自己的行为和计划。自我反思的举动还能为员工树立学习的榜样。以下问题摘自梅若李·亚当斯《改变提问，改变人生》一书，为你提供一些借鉴。[1]

- 发生了什么？

- 其中哪些部分是有用的？

- 我想要什么？

- 我能学到什么？

- 他人是怎么思考、感受这件事的？他们的需求是什么？

- 怎样才能达到双赢？

- 可行性在哪里？

- 我的选择是什么？

- 最好的处理方法是什么？

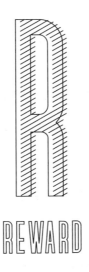

REWARD

第十八章

奖励：
用创新方式表达认可

多年调查表明，高薪并不是留住好员工的关键。我们再次对这一结果进行调研，证明其依然正确。每当被问起"是什么因素使你留在公司"这个问题时，无论哪个国家的员工都未将薪资列入前三。人们更想获得对自己工作的肯定。考量一下薪酬水平并确保其公平性，然后向你的优秀员工给予表扬。利用创意手段激励员工，这样留住人才的概率会大大增加。

思考题　表扬重要，还是薪水重要？

本章总该与钱有关了吧？如果还不是，那什么时候提钱呢？难道薪水不是让员工安心工作的主要动因或关键因素吗？

> 竞争对手愿意为同样的工作多支付10%~20%的薪水，每年都紧盯着我们公司，试图从中挖人才过去。有些人禁不起诱惑，已经离开了，但我却不愿意仅仅为了加薪而离开，我在公司得到了其他方式的肯定，是那种非物质的肯定。上司经常表扬我脚踏实地的工作态度，也不止一次地提起，我对团队至关重要。他关注下属的付出，并用一些新方法来肯定。我认为我在这里受到了重视。
>
> ——某德国汽车设计公司主管

多年的科学研究和常识表明，应向员工支付合理的薪水，否则优秀的人都会离你而去。参考一下所在行业的薪资标准，对工资级别、奖金和其他福利等的支付水平进行调研。如果和同行业相比，公司的薪酬体系没有竞争力，那就需要警惕了。将你的调研结果汇报给上司或薪酬专员，尽力使情况得到改善。

你应该支付合理且有竞争力的薪水，但绝不能止步于此。研究还表明，尽管合理的薪水是员工留下来的原因之一，但单纯靠钱并不能留住人才，薪水不是主要的激励手段。工作内容的挑战性和意义、发展机会、管理弹性、同事关系、老板、认同感（不包括金钱激励）等因素都是员工选择公司的重要原因，一旦缺失，优秀人才就会选择离去。

各国都有研究表明，人们离职在很大程度上是因为没有受到肯定。你的员工有同样的感受吗？主动询问他们是否感到被认可。要是员工很爽快地回答"是的，你看到了我的努力"或"你经常给予我感谢和赞扬"，那你已经做得很不错了。要是员工面无表情地看着你思考很久，然后回答"你说的是工资吗"，那你可能需要与薪酬部门好好沟通一下了。任重而道远！

福利能留住人吗

福利到底是什么？福利是对员工的额外补助，包括特权、分红、奖金、津贴、赠品等。问题是，福利是不是留住好员工的手段呢？

在公司，员工可享受洗衣服务、加油及洗车服务；可在健身房健身，参加运动课程；可以做按摩、学外语，并请专人帮忙订餐。你的公司有这些服务吗？

——某硅谷公司研发经理

　　过去的 20 年是企业福利待遇激增的 20 年，雇主竭尽所能增设很多福利项目，从使用运动场地到汽车赠品，再到礼宾服务，都旨在提高员工工作的生活质量，更好地留住人才。这个方法倒是能帮助公司雇用一部分人才，但并无证据显示这样做可以有效留住好员工。如果明星员工厌倦工作、厌恶上司或感觉发展无望，那么公司提供的按摩服务再好也没用。

　　因此，本章将主要介绍那些切实可行的奖励手段。

两个奖励原则

　　原则一：在员工预期内的奖励不是真正的奖励。

一声叹息

　　每年我都能拿到红包、股票期权和加薪。我完成了所有的目标，工作表现非常出色。但是，每年拿到的这些奖励反而让我更加空虚。我真正想要的是老板的正面反馈，我希望他能真正欣赏我，感谢我对公司做出的贡献。然而，我从未得到这种认可。这是我离开公司的主要原因。

——某跨国汽车制造公司经理

你也许认为，年终奖对顺利完成工作的员工来说足够了，但员工却不是这么理解的，他们希望公司多发点儿奖金，提供购车、买手机、理财、医疗保障等方面的福利待遇。然而，这些奖励已经不能作为特殊手段用以认可员工了。

原则二：奖励应与员工需求相符。你希望得到别人怎样的肯定？就这个问题，我们采访了很多人，部分反馈放在了下面的行动清单中，请注意其中的差别。

行动清单

你希望得到以下哪些认可？哪些是你认为不重要的？以下内容都是员工向上司反映的需求。

- 授予奖励，最好当着同事的面发放。
- 授予奖状，可以挂在墙上作为纪念。
- 老板的书面感谢。
- 向高层领导反映我的杰出表现。
- 时常拍拍我的肩膀表示认可。
- 老板认可我的想法，并真正执行。
- 有机会参与重要的项目。
- 休假一天。
- 在我的家人面前表扬我。
- 有机会与高级管理层共进午餐。
- 有机会与其他部门的人共事。

- 有机会成为某个重要的指导委员会的成员。

- 职务变动。

- 增加工作弹性。

- 增加工作自主性。

- 参加研讨会或培训。

许多领导者错误地认为，员工喜欢或期望的认可和奖励是一样的。

> 我不会忘记在公司年终总结会上得到优异奖时的那份激动的心情。当时现场有 700 名同事共同见证，叫到我时，大屏幕上用大大的字显示着我的名字，感觉像是在参加奥斯卡颁奖典礼。奖品除了刻着我名字的漂亮玻璃奖杯，还有现金红包。我还和高管们合了影。
>
> 现金很快就花完了，但是奖杯一直放在我桌上。那兴奋的瞬间永远刻在我的脑海里，再也没有比这更值得回味的奖励了。
>
> ——某知名咨询公司副总裁

不过，尽管这名员工很享受被聚光灯包围的感觉，但也有很多人在这种场合会感到不自在，更偏爱其他认可方式。一位亚洲的年会参加者说，在他们国家的文化里，"'枪打出头鸟'，个人公

开获得赞赏是一件很奇怪的事情。人们觉得干好本职工作是理所
当然的"。

　　询问员工，他们想得到什么形式的认可和鼓励。注意：在某
些文化或企业环境中，你可能会获得这样的答案："不管你给什么，
我都接受。"这时，你需要再耐心点儿，追问"还需要什么"，反
复问几次，你就会明白优秀的下属到底想要什么了。

各国表示感谢的说法

　　你难道不觉得这些词语很美妙吗？回想一下之前你收到溢
美之词时的感受，如果感受很棒，为什么不以同样的方式鼓励他
人呢？

然而，很多经理表达认可就像赞美之词都是从他们的银行存款中挤出来的一样。

——沃伦·本尼斯，作者/顾问

一项针对澳大利亚和新西兰 4 000 余家企业的调查显示，超过 75% 的员工渴望得到认可，但现状是他们只能每月、每季度甚至每年才能得到一次鼓励。11% 的员工从未得到奖励。[1] 希望这些问题都没出现在你或者你的下属身上。

查一下你的文件存档，里面肯定留着之前老板写给你的感谢信，对吗？这些年来，你已经清理了其他文件，但是依旧保留着那封表扬信，这是为什么？人人都需要赞美，赞美再多也不为过（只要赞美足够真诚）。谁都希望领导者肯定自己的成绩和在团队中的重要性。员工很喜欢听到这样的评价，并且百听不厌。

获得报酬是权利，得到认可是礼物。

——罗莎贝斯·莫斯·坎特，哈佛大学商学院教授

建议你认真考虑员工的喜好，然后按照以下的方法来做。

行动清单

用下面的方法赞美你的员工。

- 发自内心，真情流露。在员工做出成绩时及时表扬（例如说

"谢谢")。在语音信箱或以邮件方式留言，这花不了 1 分钟。

- 具体明确，特定清晰。赞美员工的语言要基于具体的成绩或努力，不要泛泛而谈。请参考接下来讲述的"帮你留住好员工的金句"部分。

- 有意为之。邀请员工与你共进午餐或晚餐，并表示你对其工作的认可。

- 当面表扬。去员工办公室给予其表扬和感谢（口头感谢十分重要）。

- 公开表扬。当着同事、家人和上司的面，对员工进行表扬。有的团队在员工会议中加入了简短的"互吹互擂"环节。

- 书面表扬。在卡片、信件、备忘录或邮件中写上感谢的话。必要时，也可抄送一份给团队其他成员或高管。别忘了，书面表扬可是大家都梦寐以求的鼓励哦！

她在医院做了五年的护理工作，认为自己工作十分努力，付出的比工作要求的多得多。然而，她并未得到主管的正面反馈。最近，她收到经理发来的感谢信，信中表达了对她的表现和额外努力的肯定。她说，这封信对她意义重大，所以她小心翼翼地将它收藏在钱包中随身携带（也许时不时地还会拿出来看看）。此外，在她看来，知道经理认可她的努力，"所有的艰辛都是极其值得的"。

帮你留住好员工的金句

某大型银行的人力资源小组向上司建议，可以在表达赞赏时说得更加具体、明确。他们提出，简单地告诉员工"你干得不错"并不能留住好员工，要想留住核心人才，就必须使赞赏本身具体且明确。以下是一些金句，试着用在表扬员工的时候。

- "你做的……使事情变得很不一样。"
- "你的……方面给我印象深刻。"
- "你做的……引起了我的关注。"
- "你的……工作质量很高。"
- "你的……想法很正确。"
- "我最欣赏你的是……"
- "你可以为你自己的……感到骄傲。"
- "如果没有你，我们就无法完成……"
- "你……的做法效率极高。"
- "因为你……，我今天很高兴。"

创新奖励方式

当你绞尽脑汁思索奖励和认可员工的新方法时，可以试试这个办法：从自己的角度出发，想想上司怎样做才能真正表达对你的重视（加薪和赞扬除外）。在考虑到人与人之间的差异性后，可以用适合你的方法鼓励员工。你还可以参考如下建议。

时间

时间是宝贵的奖励。给优秀员工放半天假，或准许他晚点儿来上班，又或者给整个团队放一天假，以感谢人家近期的努力工作。让员工利用这点儿时间做自己想做的事。

> 某老板创立了一个"假日银行"，在银行中存入 25 天，并用这些假期奖励工作出色的员工和团队。

休闲物品

员工想要什么休闲的物件？咖啡机？休息室的飞镖靶？大厦楼下的排球场？电影票？

> 艾伦很为自己感到骄傲。他为了赶制一套说明书加班到很晚，并且一直以来工作表现都十分出色。为了奖励他，老板给了他一张 150 美元的支票让他去买一个小物件。艾伦买了一张迷你球桌，兴高采烈地把它带回了家。孩子们很兴奋，问起他带礼物回家的原因，艾伦答道："这个礼物不是给你们的，是公司奖励给爸爸的，因为爸爸的工作表现特别优秀。"孩

子们崇拜地惊呼。四年后，他们家还在用这块球桌，只要有人说球桌很酷，孩子们就会回复："这是爸爸的工作奖励！"艾伦每次听到都会露出会心的微笑。

奖杯和纪念品

何种纪念品和奖杯具有纪念意义？可能是定制的牌匾，印有"谢谢"字样的咖啡杯，或者带有祝福话语的冰箱贴。这些方式通常会带给人吹嘘的资本，让人有机会说"因为我做了……，所以公司认可我"，这种公开的机会对有些人而言非常重要。

> 简单观察来看，几乎每个人都喜欢小纪念品——只要纪念品代表的是真诚地对人们的努力表达感谢的话。
>
> ——汤姆·彼得斯，作家/管理顾问

娱乐

员工喜欢在工作时间去郊游吗？或者提前下班去踢球、爬山、看电影呢？又或者下午在公司开比萨聚会呢？

> 我们团队经常加班，甚至周末也要上班。老板向我们提议，让我们租一辆豪华轿车，买些吃的和红酒参加户外音乐会，他来买单。原来我们所有的努力和成绩，老板都看在眼

里，真是有点儿受宠若惊了！

——某薪酬咨询公司副总裁

自由

员工想要何种形式的自由？弹性工作制？在家办公？休闲着装？改变传统的工作方式？工作不受监督？还是可以自由管理预算？

> 某经理每月给行政秘书 400 美元的自由预算支配作为奖励，她可以用这笔钱购买团队所需的任何东西，这表明老板对她信任有加。

食物

成本最低也最受欢迎的奖励应该是食物。领导者可以了解新员工最喜欢的糖果口味，然后在他们 6 个月实习期满时送给他们。员工还喜欢能让他们去高级餐厅大吃一顿的餐券（二人晚餐挺棒的，而全家共进晚餐简直完美）。发挥想象力，找到员工真正喜欢的东西。

同事间的认可

你是否得到过来自同事的认可？你的感受是什么样的？

公司的冈比奖格外受到关注，从有个员工以出色的表现协助团队成员按时完成项目开始设立。当时该员工在自己的椅子上发现了一个冈比娃娃，娃娃只值 5 美元，但却成为后来公司员工竞相追捧的奖励。员工们一旦发现同事拿着这个娃娃偷偷溜进办公室，就会兴奋异常。

——某企业转型咨询公司顾问

鼓励员工肯定其他同事的成绩，无论大小，并学会感恩。长此以往，公司中会形成认可成绩的企业文化。年轻的经理甚至会要求员工在完成精彩的汇报或拿下新业务后，互相在推特上点赞。

一点点金钱鼓励

有时，只要花一点点钱（50~100 美元）就可以满足员工的愿望。及时的现金奖励比你想象的更能令员工感动。

某中型制造公司的内部营销团队决定每个月奖励和他们合作的员工，该团队拿出了 1 200 美元，准备购买面值 100 美元的礼券奖励大家（来自其他部门的与他们合作或提供帮助的同事）。这一举措受到了大家的热烈欢迎。礼券的接收者由团队挑选，并派一个人给予接收者这份意想不到的惊喜。大家都很支持这个想法，营销部也乐此不疲，这不过是一点点金钱鼓励而已。

> 另一位经理在离圣诞节还有三周时给每个人发了两张 50 美元的钞票，并让他们把钱送给需要帮助的人。大家分享使用这些钱的故事，其实已经达到了经理的这笔小投资的目的。

更多的金钱鼓励

高薪能招来人才，但未必能留住他们。更何况，不是每个人都只看重钱。找出哪些员工愿意接受金钱的激励，以及你能为此做些什么。给超额完成任务的员工发奖金有效果吗？加薪超出员工预期有效果吗？考虑一下如何能在合理的范围内增加奖励员工的预算，因为重新找人替代现有的好员工的成本比按需给他们增加薪水的成本高很多。

如果增加预算有难度，那请试着告诉员工现实情况，并询问员工还有什么其他的需要。开始这样做的时候，双方可能都会感到不舒服，但请保持耐心，其他的解决办法会一一出现，你会发现至少一种员工想要而你也能提供的奖励方式。关键在于让你的员工明白，你感激大家的贡献，重视员工的价值。

经验法则：加强公司文化建设，不要仅依靠高薪留人，总有公司会开出比你高得多的薪水。把公司氛围营造得适宜工作，这样的话，再多的钱也抢不走人才。

行动清单

本书第一版发行以来，很多领导者都给我们提供了关于"创意奖励"的好点子，以下列举了一部分供你应用到实际中的点子，也请你与你的员工一起提出更多好建议。

- 金色"小怪人"玩具。我从麦当劳拿到一些发条玩具，它们是可以四处走动的"小怪人"。有人获得表扬时，我就把"小怪人"放到他的桌子上，让它四处走动。我承诺员工，我可以满足他们任何非金钱方面的愿望。令人惊讶的是，到目前为止，这些愿望我都可以帮着实现。

- 个性化薪水。我有一个专门向我报告的团队。每隔两周，我会单独签一张支票，与薪水一起发下去。这让我每两周就仔细回想一下近期员工的表现，表现优秀的会收到这张支票。我已经收到了良好反馈。

- 银质史努比。约翰逊航天中心制作了 20 枚银质史努比别针，将其授予那些做出杰出贡献的员工。这些史努比曾被带上太空，因此价值独特。

- 金点子。我会准备灯泡形的罐子，里面装满糖果，把它们送给提出优秀建议的员工，并鼓励他们今后继续。我每月都会送出几个糖果罐，员工也热衷收集得到的糖果，并放在办公桌上展示。

- 做到最好。每个季度我都要求团队成员提名团队中业绩最好的人，我浏览这些提名后，给其中做得最好的人放一天假作

为奖励。对我而言，这样做可以重新了解团队业绩，对团队
内部而言，这也是互相认可的好机会。

- 名誉之墙。我在客户服务中心工作，一直在维护部门的名誉
之墙。员工从客户那儿收到的服务评价信件，我都一一裱好
挂在墙上。我也会给员工小小的证书作为奖励。我认为上墙
的信件比证书更重要，来访的人也很喜欢阅读这些信。这个
方法对公关部门也很有效。

- 离开座位。我时常提醒自己，优秀员工每天都需要领导者的
感谢和赞扬。我总是要求自己离开座位，关掉电脑，坐在员
工身边，关注他们手头的工作，了解工作难度和他们所需要
的资源，并在合适的时候提供帮助。最重要的是，我总会真
诚地提出表扬，并认可他们对团队和公司的重要性。

　　如果真正欣赏公司中的人，那么随着时间的推移，你会
发现，人其实是公司中唯一值得珍视的宝贵资产。

——匿名人士

注意文化差异

　　本书一直强调了解员工的喜好是留住好员工的前提，这个理
念贯穿始终。根据公司不同的规模和功能，你还需在了解偏好的
同时考虑更多的影响因素。

　　我的一个客户最近宣布将对其跨国公司的奖励机制进行调整。过去，若奖励美国公司员工 100 美元，给中国公司同等级别员工发放的奖励就是将 100 美元直接换算成人民币的金额，然而，100 美元对中国员工而言的奖励幅度（相较于美国员工）更大。如今，公司将全球的奖励标准进行平衡，确保奖励机制更公平。

——洛杉矶某通信领域咨询公司

　　你的公司是否正向成为全球化企业努力发展？如果是，那么你需要及时调整奖励方式来适应多样性。例如，美国的一家首饰公司 OC Tanner 的一项调查指出，在澳大利亚和墨西哥，对整个团队的认可十分重要。但在德国、中国、印度、日本，员工更喜欢个人成绩得到认可。你需要构建涉及较大范围的评价机制，并容纳各国文化偏好。可以从以下几点做起：

- 了解各地文化的异同。
- 确保公司内部奖励机制的公平性。
- 根据地方文化特色微调奖励机制。
- 设置全球通用的方式，以鼓励各国优秀员工。
- 别忘了询问员工最想要的奖励形式。

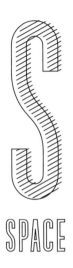

SPACE

第十九章

空间：
改善工作环境和方式

允许工作分担制、弹性工作、远程办公或选择其他办公地点并不意味着对员工过分纵容，这些是实现公司目标的方式，说明你了解并支持员工的需求，给予其足够的自由以不同的方式完成任务。请认真倾听员工的需求和对改变现状的意见、建议，并付出实实在在的努力，改善员工的工作环境和方式。

娱乐、享受、休憩、庆祝成功、采用新方法解决问题都有助于提高工作投入度和效率。此外，你换来的会是优秀员工对公司的高度忠诚和对工作的全神贯注。

思考题 你的员工在公司的工作自由是否受限？

注意！

要想留住年轻员工，一定要关注本章内容！

有孩子的家长或对自己的成长经历有印象的人，都听过"给我点儿空间"这句话。人们在感到被束缚、被过多地控制或无法掌控现状的时候都会讲这句话。在美国，呆伯特是代表员工的卡通形象，它经常把上司画成怪物的模样，因为上司限制员工的发展空间，无论是在具体的办公环境（狭小的格子间）方面还是对员工每天的表现指手画脚。

你之前的上司是否会对你的每步行动都下命令，要求你严格遵守公司手册行事，并不认可任何创新的方法？你曾在这家公司工作了多久？（希望你已经离职了！）这种领导者分不清内部和外部空间，但如果员工没有空间，那干吗不离职？

内部空间和外部空间

内部空间即员工需要的精神和情感空间，身在其中的员工希望变得充满创造性，产生更高的工作效率。内部空间包括：

- 自我引导
- 自主管理时间
- 用创新的方式思考和工作

领导者可以为员工预留内部空间，以增加员工留在团队内部的概率（这通常不需要什么成本）。

外部空间即物质条件，主要是员工的工作环境。外部空间包括：

- 个性化装点自己的工作环境
- 在不同地点上班
- 有休憩时间
- 可以随意穿着

满足员工提出的外部空间需求，可能需要领导者采取一些不同寻常的措施，尤其是当公司尚未尝试过类似做法时。在给你提供一些可行建议之前，请先完成以下小测验并记录分数，看看你在这方面表现如何。

行动清单

假设自己是某团队的主管，你在以下情景中分别会说"没问题"、"不可能"还是"看看我能做什么"？请将答案写在答题表里。

1. 由于个人原因，我想每周 3 天提前半小时上下班。

2. 我想用新方法完成这项工作，跟传统的方法可能不大一样。

3. 我想在你评估之前，先把项目的前五步工作做完。

4. 我想用新技巧来提高销量。

5. 我不参加你推荐的课程了，因为我找到了新导师可以教我这项技能。

6. 我想把我度假时拍的照片贴在我办公室或工位的墙上。

7. 我想每周在家办公两天。

8. 为了按时完成项目，我计划在最近几周的周六都来公司加班。但我希望能带着我的宠物狗一起来。

9. 我想换上休闲的衣服上班，牛仔裤和运动鞋让我感觉更舒服、更有创造力。

10. 长期以来，我们都是独立完成项目的，但我这次希望整个团队都能参与，因为我相信团队作战能更快、更好地完成这个项目。

11. 我想（不带薪）休假 6 个星期去装修新家（或旅行、学习、

照顾父母等)。

12. 我想时不时地带孩子来上班。

答题表

你的答案	1	2	3	4	5	6	7	8	9	10	11	12
没问题												
不可能												
看看我能做什么												

以上的需求清单能使你对员工需要的空间有大致的认识和了解，其中前 5 项有关内部空间，后 7 项有关外部空间。

1. 统计一下在哪些情景中你会说"没问题，只要你把工作做好"。
2. 统计一下在哪些情景中你会说"不行""不允许这么做""公司政策不允许"。
3. 统计一下在哪些情景中你会说"看看我能做什么""我需要和上司沟通一下""你还需要什么，看看有哪些方法行得通"。

得分如何？

"没问题"	8 分或以上	你对空间持友好态度，请继续保持。
"不可能"	3 分或以上	你对空间持不友好的态度，下次试着再考虑一下。
"看看我能做什么"	任何分数	你有空间意识，员工会感谢你的。

有些公司会给予这样要求的员工肯定的答复，但更多的公司给出的都是否定的答案。后者将会出现在糟糕雇主名单上，今后在招聘和留住人才方面会遇到很多阻碍，这一点儿都不奇怪。这种公司给出再高薪水，也会失去好员工，原因就在于它没有给员工提供自由的空间。

那么，应该如何给予员工他们需要的空间呢？

四种外部空间

不同时间、不同地点需要的工作空间

美国前总统奥巴马在一次职场论坛上说："工作的核心是工作内容，跟是否身处办公场所无关。"你是如何理解的？你所在的公司或者你自己是否支持灵活安排办公地点这一举措呢？

有些国家支持自由选择办公地点。2002 年，英国出台法令支持职工灵活安排工作场所的权利，由于民众支持，这一法令延续到了 2012 年。"96% 的雇主同意至少让部分员工灵活办公。70%的雇主认为，灵活办公可以提高员工留职率，并激发其工作热情。近 2/3 的雇主还表示，灵活的办公政策有利于招聘人才，有一半雇主认为这一举措可有效避免员工迟到早退，进一步提升工作效率。"[1]

欧洲的一项调查显示，荷兰、罗马尼亚、瑞典、英国和意大利可以选择远程办公的员工的比例分别为 93%、43%、51%、24%

和 24%。² "远程上班研究网络"（Telework Research Network）在美国、加拿大、英国等地进行调查并得出结论：2005—2009 年，网上办公的员工人数增长了 61%，预计到 2016 年将增长到 69%。79% 的受访者表示更喜欢网上办公，61% 的人宁愿在薪水上做出点儿让步也会选择远程办公。³

很多领导者表示，远程办公的员工投入工作的时间会更多，因为他们认为这一方式是公司给予的特权，从而对此倍加珍惜。由此，工作效率和士气都大大提升，员工流失率和办公室租金大幅下降。

> 部分时间能在家办公的员工，其工作效率肯定是大幅提升的。在办公室工作，平均每隔 11 分钟就会受到干扰，然后还需 8 分钟重新集中精力投入工作。
>
> ——哈特穆特·舒策，瑞士应用科学与艺术大学教授

如果公司不允许远程办公怎么办？

我的工作单位不允许远程办公，我也一直认为这一政策不会改变。有一次，我的一名得力员工问我是否可以每周在家工作两天，我立马就否决了。一个月后，她难过地递交了辞呈，说她找到了允许远程办公的新雇主。我不能失去她，因此我向上司请示能否打破惯例，试着允许她远程办公，并

留意她的工作表现。她最终没有离开，还因为在家办公，工作效率提升了 10%。这位员工十分感恩，也对公司很忠诚。自此，单位放宽了政策，对所有要求远程办公的员工都酌情给予考虑。

——瑞士某市政府部门会计主管

这位主管不仅打破了公司惯例（可能是因为读了本书第十七章的内容），而且意识到给予员工宽松空间的重要性。

远程办公对于那些必须在特定工作场所完成的工作是不太可行的（比如医院的护士、家庭园艺师、工厂流水线工人等），如果是这种情况，请以其他方式给予员工一定的空间。

有时，公司并无明文规定禁止远程办公，但领导者却不允许这样做。如果你属于这种领导，你有没有思考过这样做的初衷？你是否对员工缺乏信任？你是否担心没有你的监督，员工就会"吊儿郎当"，工作效率打折扣？如果你也是这么想的，请先考虑目的再做决定：你希望员工生产或创造什么？员工需要在何时完成？你应告知想要远程办公的员工你的这些期望。

一声叹息

我觉得自己在很多方面锋芒毕露，但在有些地方还是循规蹈矩的。去年我一连失去了 3 名干将，每个人提出的需求都是我无法满足的，比如每周两天远程办公或穿便服上班。

但最近，我认识的另一位经理竟然与一名员工在这些问题上达成了共识，她允许员工拥有自己独特的工作日程。这名员工因此大受鼓舞，全力投入工作。从此，我在否决员工的建议之前都会重新思考一下，为了留住好员工，我在处理问题时也许得更加灵活一些。

——某跨国连锁酒店经理

休假的空间

某大型航空公司的一名年轻工程师向上司请 6 个星期的不带薪假期，以便有时间装修房子。上司答应了他的请求，尽管他走后，工作压力会变得更大。6 个星期后，由于没按计划完成装修，该工程师不得不又申请 4 个星期的假期。上司犹豫了一下，考虑到该员工对公司很重要，就把他的请求上报到总工程师那里，并最终获得批准。这名工程师后来服务公司长达 24 年，一直忠心耿耿，后来还成为高管之一，带领公司取得了巨大成功。当被问及如果当年公司拒绝了他的请求，他会怎么做时，他说会离开公司，等装修完房子重新找一份工作。

经调研，我们发现领导者对员工的真正价值认识不足，导致无法给予员工休假的空间。某些国家和特定行业（例如学校）是鼓励定期休假的。在其他领域，雇主应对优秀员工提出的休假请求（去旅游、学习新知识，哪怕是去爬山修行）给予支持。如果你的爱将提出休假，请想尽办法满足他们的心愿。员工会牢记你的帮助，员工留职率也会大幅提升。

> **我：**你计划去哪里？
>
> **邻座旅客：**我正在休假，我和妻子准备去新西兰、澳大利亚和印度尼西亚旅行，我们要休假 2 个月。
>
> **我：**哇，你在哪儿工作？
>
> **邻座旅客：**波音公司。
>
> **我：**哦，波音公司竟然对待员工这么好？工作灵活性好大。
>
> **邻座旅客：**这都是我上司的功劳，他说，如果我能把工作做好安排，那休假就没问题。

随意着装的空间

据说，在高科技企业，头脑聪明、极富创造力的员工都身着奇装异服来上班。有人质疑这种做法的适当性和专业性会影响工作效率。其实事实能证明一切，比如在微软这样的成功企业，很多部门对着装都没有要求。那微软这些年来效益如何？这些部门的领导者指出，他们的员工通常会自己选择加班（有时一周工作长达 70 个小时），努力完成项目或研制新产品。允许随意着装看上去是一个小小的让步，实际上对提高工作效率起了莫大的推动作用。

我不认为非得穿戴整齐才能计算出方程式。

——某数学家

考虑一下，在上班着装方面，你能提供哪些弹性。可以把周五设为随意着装日吗？夏季可以穿夏装吗？可以给不直接接触客户的员工设置不同的着装要求吗？请对公司规定进行反思：规定是合理的吗？如果穿着工作服是必须的，那你就支持公司规定，但也应考虑员工的现实要求，并采取一些创新的方法解决问题。事实上，员工极其渴盼公司不限制着装要求，让大家随意着装。

个性化办公环境的空间

办公区域的布置需要一模一样？凡是了解个性差异的人都明白，人们表达个性的方式之一就体现在环境布置上。如果有充分的自由，家、办公室、小隔间都能体现每个人不同的风格。

如今，很多公司都聘请装修公司设计办公区域，有些装修得简单明快，但缺少个性化空间。你的公司在这方面是怎么做的？如果公司不设限制，那么领导者应给予员工充足的自由发挥的空间，用喜爱的照片装点办公区域。不要苛求每个人的办公桌必须和你的一模一样。

领导者的小小帮助可以使格子间变成员工的堡垒。某经理为员工个性化装扮工作环境提供了一笔费用，员工们都兴奋不已，纷纷将格子间布置成自己的小天地。用不高的成本可以帮助员工实现以下变化：

- 用绿植将格子间包围起来。
- 工作桌的高度可根据身高进行调节。
- 为增加或减少与外界接触，降低挡板高度或悬挂遮盖物。
- 电话设为静音，以便专心工作。
- 增添折椅，以便客人来访时使用。

两种内部空间

提供自我管理的空间——以自己的方式工作和思考

提供内部空间要求领导者对员工充分信任，简政放权，让员工自行管理工作事务。

某零售业巨头领导者深知给员工提供空间的重要性，放手让员工自行管理工作上的大小事务。事实上，公司在同行业员工留职率排行榜上一直名列前茅，管理者也将其归功于公司优秀的企业文化。公司最重要的一条原则就写在员工手册上：无论何时，请根据自己的判断做事。

对提供空间持友好态度的领导者会这么做：

- 设立休息室，员工可以在上午或下午小憩一下，以重振精神。
- 允许年轻员工边听 iPod（苹果音乐播放器）边工作。
- 允许员工带着笔记本电脑坐在草坪上（或其他能进行思考的空间）工作。
- 可以用网络远程会议代替会议室会议。
- 为有需求的员工购买可以站着使用的办公桌。

行动清单

- 摆脱你的直接管理，让员工负责自己工作的方方面面。
- 相信员工可以做好工作，在他们需要帮助时及时伸出援手。
- 允许员工采取新方法开展工作，哪怕"之前从未尝试过"。

作为领导者，给予员工内部空间会相对容易，而回报是丰厚的。允许远程办公或随意着装也许让你比较为难，但你仍可以让员工自行决定每天的工作方式和状态。

提供自主管理时间的空间

所有研究都指向一个事实，即希望灵活安排工作日程的员工（无论年龄）数量激增。那么，公司应如何应对这一变化的需求呢？

某大型医疗中心调查发现，在部分医疗企业中，护士、药剂师等专业人士的工作安排十分灵活。这种能适应员工不同生活需求的安排使企业更具竞争力。举例来说，急诊室护士可选择周六日各值班 12 个小时，在其他时间就可以下班接送小孩或参加学校组织的亲子运动会了。

——某人力资源主管

如果你的上司对弹性工作制嗤之以鼻呢？你可能会说："我无能为力。公司对工作时间、地点有明确的要求。"如果事实如此，那你得通过其他方式为员工提供空间。建议你在其他方面探索出为员工提供自由的好办法，尽量让员工可以根据个人需求安排自己的工作时间。

我认识一名主管，他同意员工将上下班时间提前或推迟 10 分钟，因为他觉得 10 分钟的缓冲时间能避开早晚高峰，有效缓解员工的通勤压力。

对了，别忘了"B-社群"，它是一个丹麦团体，游说商界人士采取弹性工作制，为上午 10 点或 11 点前无法早起的人群提供便利。[4] 如今，接纳晚睡晚起的"B-社群"成员已成为全球的普遍现象。你能对员工精力最佳的时间段加以利用吗？

公平公正

读者向我们提出了几个关于公平公正的问题，比如："如何做到周五下午只给一名员工准假，而不是给每个人都放假呢？"做到公平公正并不意味着用同一种方法对待每个人。如果你有好几个小孩，你会送每个小孩同样的礼物吗？肯定不会。

解决这个问题应采取大众化定制法（这听起来有点儿自相矛盾），使公司形成新的公平氛围。员工各有不同，单一的公司政策显然不能适合每一个人。（谁说管理很简单？）请倾听员工需求，集思广益，创建公平公正的解决问题的新方法。

> 这的确是有代价的。诚然，你可以利用周五参加铁人三项培训或观看孩子的足球比赛，但要确保工作按时完成，并思考一下如何能比其他人做得更好。伴随自由和灵活而来的是责任与义务——更多的责任与义务。
>
> ——保拉·劳勒，来自某医疗保健外包公司

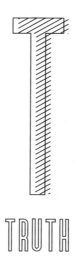

TRUTH

第二十章

真实：
和员工互相袒露心声

优秀员工想要了解自己和公司的真实情况，也需要向你畅所欲言的机会。真实的反馈是你可以赠出也可以收到的珍贵礼物，有助于留住好员工，并帮助其不断成长。请记住：告知——以及了解——真相。

思考题 你和员工大概多久会互相袒露一次心声？

你是个诚实的人吗？你坚持说真话吗？对于这两个问题，绝大多数人都会给予肯定的回答。调研显示，员工渴望直截了当的对话，希望听到公司发展的真实现状和对工作表现的真实反馈，也渴望对领导者的表现给予真实的评价。如果不能实话实说，员工就会失去对领导者的信心，士气下跌，忠诚度更会大减。你肯定明白这将会造成什么后果：员工离你而去，转身投入竞争对手的怀抱。留住好员工，首先要讲真话。

对实话实说的新理解

实话实说的秘诀就是把它视为一件礼物。只要真实的反馈能对员工的职业发展甚至人生进步起积极作用，这种反馈就是有百利而无一害的。

你是否上过音乐课、舞蹈课、空手道课，或聘请过球类运动教练？请仔细回顾一下上课时的情形。教练是否向你展示了一种更好的握拍方法？是否帮你更好地掌握节奏？是否不断帮你调整方法？教练给你的反馈主要是赞扬和纠正："你做得很好，像这样再来一遍！""下次要这样击球。"他们赠予你的礼物即真实的反馈，他们愿意告诉你，你还有进步空间，并不断帮助你达到目标。

同样地，员工也需要类似的指导，但现实却不尽如人意。

根据盖洛普 Q12 测评法[①]在全球 116 个国家对 4.7 万名受访者进行的调查可以予以佐证。调查中有一个问题是，过去半年中是否收到对自己工作表现的评价，调查结果显示领导者并没有给予员工及时、真实的针对个人的反馈。[1]

如实反馈员工表现

了解你的同事或下属的优势、劣势和盲点，分析一下哪些优势被滥用，哪些缺点阻碍了发展。你是否将自己的观察如实反映给了他们？

真希望那时在处理棘手的问题前，有人能直言不讳地给我提些建议，也许一切就不会那么糟糕了。

——马特·霍金斯，新西兰某部委领导力发展部门员工

① 盖洛普 Q12 测评法就是针对前导指标中对员工敬业度和工作环境的测量，对 12 个不同行业、24 家公司的 2 500 多个经营部门进行数据收集，然后对它们的 105 000 名员工的态度进行分析所发现的最能反映员工的保留、利润、效率和顾客满意度这四个硬指标的 12 个关键问题。——译者注

　　你一般会在什么时间、以怎样的方式将你的想法告诉员工？哪怕是称职的老板也不得不承认，给予员工直接反馈有难度，尤其是当面指出他们的缺点或需要改进的地方。绝大多数人在传递负面信息时都会感到难堪。尽管我们从小被教导"诚实至上"，但我们也懂得"话不中听就少说"。所以人们倾向于沉默。

　　领导者不愿意提供批评性反馈，因为他们：

- 担心伤害员工的感情和工作积极性——甚至迫使他们离职。
- 更关注员工是否自满或工作态度不端正。
- 对传递负面信息感到不舒服，传递正面信息更简单。
- 不确定自己的看法是否百分之百正确。
- 担心员工由此产生抵触情绪。
- 工作的环境太讲礼数，使得批评的话很难说出口。
- 不喜欢批评别人。

　　我给予某员工反馈，说明我很关心该员工未来的发展情况。

　　　　　　　　——拉里·博西迪，合著有《执行：如何完成任务的学问》

一声叹息

　　说实话，我的工作表现还不错。我获得过多次晋升，上司和同事对我的评价也很好，我每年还能得到分红奖励。后

来，我在一次重要的升迁竞争中败下阵来，被打入冷宫，无
人问津，还在公司裁员时被解雇了。直到那时我才听人说起，
我的管理方式一直存在问题。

——一名失业的中层经理

询问员工想法

神经科学家指出，对话以问题开头可以缓解紧张情绪。如果
你觉得得到员工反馈很困难，不妨试着让员工先发表自己的看法，
比如：对上季度的业绩怎么看？自己在工作哪方面做得出色？取
得了哪些成绩？通过对话，了解员工的工作技能。

同样地，询问员工：利用什么方法能够提高效率？在哪些方
面更需要成长？如果有机会，是否希望采取新方法完成项目？最
近习得的经验是什么？这些问题员工都答得上来，尤其是当他们
有幸面对的是信奉实话实说的上司时。

真话伤人，这是真的吗？

经调查，员工最希望从上司处得到的是真实的反馈，他们迫
切希望了解上司对自己的评价，以此判断上司是否了解自己的工
作表现。多年研究（多数由创意领导力中心完成）也证实，无论
级别如何，缺少与员工的坦诚交流会削弱领导者的管理效果。领

导者有时会因此失去工作，但这更意味着领导者未能遵守诺言。

哪怕是"高精尖"人才也需要真实可靠的反馈。但实际上，他们听到的总是"太棒了""做得好""你真是个天才"这一类敷衍的评价。这类员工一旦缺少反馈，在几次升职加薪后，就会突然停滞不前。原因就在于没人提醒他们应认清不足，不断努力，这导致他们只相信自己的判断，形成了视觉盲区。他们由自信变为自大，只因上司给出了片面的反馈和固化的评价。实话实说才能帮助他们。

行动清单

- 写下每个下属的名字，并在名字旁边写下"增加……""减少……""继续……"等字样，在每个分类下列出行动步骤，看看你希望员工在哪些方面有新的行动和进步，并能给团队和公司带来什么改变。
- 敢于与员工交流，并听取员工对你的反馈的看法。

"但我已经给过反馈了——在 12 月的时候"

很多公司只要求领导者在年底绩效考核时才对员工进行评价，这一制度仅是用来评选优秀员工、设计下一年度薪酬涨幅或对表现不佳的员工给予批评和警告的。有些领导者将考核重点只放在评优上，而忽略了揭露负面信息，也有些领导者的做法与此刚好相反。不管是何种情况，这种考核都反映不了真实情况，员工只会对整个考核过程感到极度失望。

有两点应引起关注：

- 正式的业绩考核全体会议很重要。如果该会议没有组织好，员工就会感到被轻视和疏离。请认真准备，既要传达好消息，也要提出进一步改进的建议（这类消息更重要）。
- 请勿每年只安排一次反馈意见的机会。为了留住好员工，应及时诚恳地提出工作上的反馈建议。

一声叹息

在我们医院，每年领导和员工都要填写业绩考核表，以此进行业绩对比，讨论员工表现，并提出关于如何进步的建议。我花了好几个小时填写了这张表，真心希望能对自己的优缺点进行有效的评估，并了解在达成目标方面做得如何。公司"重要会议"举办三周前，我将这张表格交给了上司。但很显然，他几乎没有看我的报告，就草草地填写了他的评语——就在开会前几分钟。我每项得到的都是平均分，于是我又问了问有没有改进建议，上司说他得再想一想。20分钟后，他参加另一个会议去了。我等待一年得到的反馈几乎毫无意义。我在我们医院从未感到如此无足轻重——我可能该考虑换一份工作了。

——某医院护士长

"我不懂如何给出反馈怎么办？"

很多领导者在给出反馈（无论好坏）这件事上会很不舒服，原因在于他们不懂得如何给出简洁有效的意见。很多人也没有这方面的先例可循。给出反馈的第一步应该是消除员工的抵触情绪，这是很关键的。应该如何行动？请通过下面的测试来评价一下你的情况。

反馈测试

我的反馈……

· 是私下的。（在我选择的地点，员工能得到我的反馈，注意力不会分散，又不会感到尴尬。）

　　是 ___　　否 _____

· 在合适的时间。（安排特定的时间，只用来给员工提供反馈。）

　　是 ___　　否 _____

· 十分频繁。（在看到某些行为需要鼓励或修正时，马上提出意见。）

　　是 ___　　否 _____

· 将关注点更多地放在未来，而非过去。（我提出的反馈意见基本上都是如何进行改进，而不纠结于为什么犯错。）

　　是 ___　　否 _____

· 是具体的，有案例说明。（"我认为你需要和别人多加配合。上个季度的项目是你一个人完成的。"）

是 ___　　 否 _____

- 提供足够信息帮助员工自行做决定。（"你的团队希望你让他们更多地参与策划。"）

是 ___　　 否 _____

- 为别人提供有利于发展和成长的建议。（"我觉得你要在谈判技巧上多下功夫，尤其是如果你想去新岗位。"）

是 ___　　 否 _____

- 允许讨论。（"告诉我你的想法。你想怎么做？"）

是 ___　　 否 _____

- 设计下一步行动计划。（"下周我们再碰次头，为你制订发展计划。同时，你也想想计划中应包括哪些内容。"）

是 ___　　 否 _____

- 维护尊严。（在交流的整个过程中，语气是否亲切？是否给员工留了面子？）

是 ___　　 否 _____

　　在中国，为了维护信息接收方的面子，反馈意见通常依靠第三方传递。由于权力悬殊，上司和员工很难进行真诚、平等的交流，这也就是需要第三方介入的原因。记得与对方沟通时要做到坦诚相待。

——新加坡某顾问

你的表现如何？如果对大部分陈述的回答都是"是"，那你表现得真棒！现在，再请员工确认一下你的回答的真实性，让他们实话实说。

对谈话内容保密

另一个深受欢迎的方式是 360 度全面反馈：员工收到的反馈信息来自上司、同事、导师、客户和下属，也包括自我鉴定，以与别人的评价进行对比。反馈信息能清晰地展示一个人的强项，以及需要改进的方向，其目的就是帮助提升自己。由于这种反馈通常是匿名的，评估人要非常诚实。因为能得到的信息不仅仅来自上司，所以 360 度反馈对每个人都十分有价值，但它不是唯一能达到此目的的手段。

注意！

有些员工收到的反馈意见较为尖锐，需要改进的地方很多，请确保能为其提供后续的指导和支持。反馈往往只是第一步，员工更需要制订发展计划并执行。

告知员工公司的真实情况

有研究充分证实，参与公司事务的员工是有知情权的，他们希望能够受到信任，并了解公司的真实情况，包括面临的挑战和业绩下滑的情况。

但众所周知，有时你作为上司也无权将这些信息传递下去。悬而未决的合并、重组或高层变动都是团队中讳莫如深的话题。此外，领导者为了保持权威或单纯为员工考虑，也不透露与公司有关的消息。

不过，今后当收到坏消息时，请第一时间面对面告知员工。如果你犯了错误，也请告知真相并承担相应的责任。只有这样，你的个人信誉才会提升，团队成员也会更加信赖你。

让员工说实话

> 人们宁愿被盛誉摧毁，也不愿被批评拯救。
>
> ——诺曼·文森特·皮尔

到目前为止，本书一直在讨论如何对员工实话实说，但如何让员工对你实话实说呢？很多领导者（尤其是高层领导者）已多年未接受过正式的业绩考核了。当升至高位时，他们可能已失去所有关于工作表现的真实客观的评价。领导者通常只需实现最低目标，就能获得奖励。

那么，谁来向高层反馈并指出不足呢？应该没人会这么做。缺乏真实反馈会导致高层领导者失去继续成长的机会，无法提高工作效率，更留不住公司的优秀人才。

　　在一次每周例会上，我希望员工能就我的管理能力给我
一些反馈。我告诉他们，我已经在简政放权和员工发展方面
进行了积极的投入，并让大家给我的每项能力打1~10分，给
出好的建议，让我进一步提高各项能力。有个员工说我已经
是满分了，这句话引得众人发笑。员工在打印好反馈意见后，
不记名将其交给我的助理，再由助理交给我。我在随后的那
次例会上将这些反馈内容与大家分享。员工们深知我努力的
目的，也很愿意将建议反馈给我。

——某跨国生物科技公司销售副总裁

　　除了现代企业，在其他机构供职的专家、学者也希望获得对
自己工作表现的真实评价，从而有所改进。运动员、音乐家、功
夫大师也都如此，他们利用真实的反馈来精进水平。想象一下，
如果员工能放心地畅所欲言，那么你能得到什么信息，这些信息
能为团队和公司带来哪些价值和意义？

　　公司执行委员会对全球130余家公司的7个关键经济指标
进行跟踪调查，发现"公司是否长期赢利，最重要的指标之一就
是员工能否畅所欲言，哪怕传递的是负面信息"。[2]领导者可以
通过"浑蛋行为参照表"（本书第119~121页）获得非常有意思
的反馈结果，找到属于你自己——当然同样适用于你的团队和员
工——的方式。

你可以创造大家畅所欲言的氛围，也可以以身作则，让员工模仿你如何寻求、接受反馈。最后，请把反馈视为珍贵的礼物。

感谢反馈的意见，不过下次请先送我双袜子用来装这个礼物。

——富有幽默感的英国某销售经理

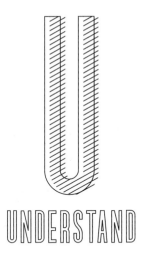

UNDERSTAND

第二十一章

理解：
做深度倾听的领导者

请了解你的员工，抽出时间倾听他们的想法，以真正了解其需求。请注意你的倾听方式并加以改进（改进空间总是有的）。努力了就会有回报，员工感受到被倾听，就会稳定地留在团队中。反之，他们则会另谋高就，重新找寻懂得倾听的上司。

思考题　你三心二意，会造成员工三缄其口吗？

"你没有在听我讲话，你从不懂得倾听"，要是你总在生活或工作中听到类似的抱怨，不妨开始阅读本章。

为什么教人们倾听的课程总是多种多样？为什么意见反馈不断地提醒领导者，莫做糟糕的倾听者？为什么人们总是做不好倾听者？事实上，很多领导者轻视倾听的重要性，认为企业的成功更多依靠的是以结果为导向或以客户为中心，这些比做一个懂得倾听的人关键得多。但这种想法是对的吗？

乔能理解我，因为他会耐心听取我的意见，这让我觉得他懂得我的意思。他越是这样，我就越愿意吐露心声，我们的关系也变得更紧密，互相信任。但是和其他上司在一起时，我经常有所保留，说话之前总得遣词造句。我对乔是完全坦白的，他也不感到意外，并能想出解决问题的好办法。这种默契令我们更有创造力和对抗风险的勇气，越过种种限制，取得了令人惊讶的成绩。他是我遇到的最好的老板，我的工作效率也从未如此之高。没有什么能让我放弃这份工作。

——某跨国工程公司副总裁

关爱员工型领导者普遍具有一个特质，即能耐心地倾听员工的心声。你在这方面表现得如何？

请拿出一张纸，写下本周你从员工那儿听说的三四件事，可以是关于流程改进的建议、工作或生活遇到的问题、团队发展的瓶颈。要是你列举不出来，那你可能得花点儿时间听取员工的想法了。

交流沟通对于留住好员工至关重要。如果员工的意见被倾听、被理解、被肯定，他们就会更加努力地工作，工作效率会更高，留在公司的可能性也会更大。反之，他们就会消极工作或远走高飞。

请集中注意力

上司一直点着头，已经连续说了 35 次"嗯"了，但他真的在听员工讲话吗？应该没有。那么，什么是深度倾听的绊脚石呢？员工诉说时，领导者到底在想什么？

行动清单

员工与你交谈的时候，你在想什么？请坦白。

- 我早就知道你想说什么了。

- 我没时间听这些，我桌上的文件都堆积如山了。

- 我发现他太感性了。

- 我应该做点儿什么？我应该如何坚持我的立场？

- 她的话无聊至极，有这时间，我都能查收好几封邮件了。

- 他说的与我无关。

- 你说的有点儿跑题。

- 这都是老生常谈了。

- 你提出的问题之前不都解决了吗？

你是这么想的吗？也许你认为，在员工滔滔不绝之际，思考点儿其他问题或提前拟好回应的内容，是利用时间很好地进行了多任务管理的表现。你会表现得不耐烦，认为自己的时间和精力比员工的更宝贵，忽略了深度倾听。无论出于何种原因，你这样做的结果只有一个：你的三心二意换来的将是员工的沉默不语。你不再能及时得到信息，更失去了与员工建立良好关系的机会。

学会倾听，从自己的夸夸其谈中是学不到任何东西的。

——利奥·巴斯卡利亚

倾听是一种选择

　　回顾过去的职业生涯，我一定是个糟糕的倾听者。三十几岁时，我狂妄自大，与别人谈话都试图用智商碾轧对手，证明我才是最聪明的那个。我不爱抬杠，也不是自大狂，我只是不甘人后，不甘人后就意味着必须劝服人们听从我的意见。（摘自 www.mckinseyquarterly.com/article）

——凯文·沙拉尔，安进公司前首席执行官

　　凯文·沙拉尔选择成为善于倾听的人。你能改变的第一步，就是做出选择。

　　你可能已经具备了优秀的倾听技巧，也养成了倾听他人的好习惯，但在实际操作中总会举棋不定。你应该清楚地认识到倾听员工需求的必要性，并学会深度倾听，饶有兴致地听取优秀员工反映的问题。

　　我留在公司这么多年最主要的原因其实是件小事。每周五，团队都会在公司俱乐部聚会，总经理也会参与，并在派对开始前问大家一个问题："大家这周过得怎么样？"我们知无不言，言无不尽，将本周遇到的问题、取得的成绩、今后的工作安排全都讲了出来。其实这样并不解决问题，只是帮助我们发泄了情绪。但神奇的是，总经理对这些分享都很感兴趣。周末回家后，大家都变得神清气爽了。

——某家具零售公司员工

有时，仔细倾听是有理由的。某高管提到，他曾在日本工作了一段时间，当时他找到了认真倾听员工的理由，并真的这么去做。这个理由就是加深理解。他专注聆听员工的每一句话，试图理解员工真正想表达的意思，而不是听完立即进行指责、反对和说教。

深度倾听能帮你获得有效信息，做好真正的领导者。这也是一种田野调研，它给予你的重要信号来自你所在的生态系统。倾听的过程也是向员工表达尊重的过程。

做个倾听者

全球的专家都在著作中不断强调倾听的重要性。然而，领导者不注重倾听，仍然是部分员工吐槽的重点。《CEO 与修道士》的作者肯尼·莫尔提到，倾听已成为商业帝国中失传的技艺。

要想成为优秀的沟通者，那就先闭上嘴。我们尝试性地创造了一种环境，即说话最多的、说话声音最大的人率先出局。直觉告诉我，说得多并不能令内部和外部的客户满意。有时，安静聆听十分重要，有利于倾听其他人的观点和见

> 解，这是一剂有助于公司可持续发展和提升竞争力的真正
> 良方。[1]

＊ ＊ ＊

等一下！

为什么

我仍在

不停地

说着话？

——嗜酒者家庭互助会（Al-Anon）

如果发现自己说得太多，忽略了倾听，那就请少说多听。在整个过程中，你需要不断练习，需要十足的耐心，需要身边人的反馈，才能产生改变，但你会觉得，这样做值得！

你可以以下面这种方式开始。

标志词法

许多领导者通过学习一种简单的方法就逐步变成了好的倾听者。这种方法叫作标志词法，它的原理如下。

场景：员工谢尔比想跟你聊聊，于是你安排在办公室进行面谈。你请谢尔比进来，询问她需要什么帮助。谢尔比说："我很担心手下的一个员工，他似乎缺乏工作干劲。"

1. 识别出标志词，例如"担心""缺乏工作干劲"等。

2. 就标志词提问，例如"为什么担心""你是怎么发现这个问题的？"。

3. 获取答案，例如"他的工作不如从前那么高效了"。

4. 识别答案中的标志词，再次提问，例如"效率降低的表现是什么？"。

5. 再次获取答案，例如"每周的工作量降低了，工作质量也大不如前"。

6. 再次识别答案中的标志词并提问，例如"你为什么觉得他的工作量降低了？""再详细说说工作质量降低这件事"。

7. 循环往复，识别标志词后继续提问。

　　找到标志词后，多问一些开放性问题，问题多用"怎么样""为什么""在哪里""在何时""告诉我"等词语，避免只以肯定或否定作为答复，这样问题就无法继续了。标志词能帮助你深入地理解谢尔比的困境。同时，她也感受到了倾听者的重视，相信你关心她的处境，并能协助她解决问题。标志词法促使你不得不进行沉浸式倾听，你无法中途走神。（推荐你在家中也尝试这个方法。你的配偶、孩子和朋友将会惊叹不已，不知何时你竟变成了如此优秀的倾听者。）

一声叹息

> 我发现，每次他和员工谈话，他都同时浏览着邮件，我也经历过几次这样的待遇。他可能以为没人会注意，或大家都对能同时做好几件事的行为感到钦佩。他大错特错，在大多数情况下，大家只会觉得自己微不足道，没有被倾听。
>
> ——某一线员工

9 个错误反馈

如果你真的想成为优秀的倾听者，看看你是否做过以下行为，妨碍自己听到员工的真心话。

打断

你是否企图表达自己的观点而打断与员工的对话？如果每次都这样，员工就会失去耐心，也许再也不会对你敞开心扉，讲述工作中迸现的想法和遇到的挑战了。

你在打断员工说话时一定要意识到这一点。请利用标志词法，在员工说的时候仔细听，让他们把话说完。

争辩

员工与你的意见相左时，你是否会第一时间极力争辩？请你暂缓维护自己的意见，先让员工阐述清楚自己的立场和想法。在辩解前，请切实理解员工的观点。

传达

你是否总在传达意见而无暇接收信息？平时你说话的时间占比多少，20% 还是 80%？请给予员工更多表达的机会。

古希腊哲学家芝诺说的话可以让我们有所感悟："人们长着两只耳朵，但只长着一张嘴巴，这就是为了让人们多听少说。"

心不在焉

在与员工对话的过程中，你的思绪是不是已经离开了？你不得不请求对方重复刚才说过的话。利用标志词法可有效避免三心二意，提高注意力。

跑题

你是否经常改变话题，并且总把话题引到你感兴趣的方面？请对员工说的话产生兴趣和好奇心，了解他们的兴趣点和他们的真心话。你的这一举动肯定会带来回报。

废话连篇

你是否想过，只用 5 个字就能说清平时你需要用 20 个字表达的意思？如果你能做到言简意赅，员工们就会有更多表达的机会。

发表意见

你是否经常在并不需要意见时直接发表自己的意见？请多向员工提问，耐心地听取优秀员工的好建议。

镇压不同声音

如果上述行为你都不涉及，那你一定听别人这样说过：

- 这与主题无关。
- 你在开玩笑吧？
- 你就这点儿本事？
- 不可能。
- 你跑题了。
- 一点儿都不新颖。
- 我们早就解决这个问题了。
- 难以置信，你竟然不知道这一点。

听到这样的评价，你会有何感受？一蹶不振？觉得自己一文不值，没有受到尊重？因此，请反思自己是否也使用过上述这些伤人的武器，并在今后正言正行。带着好奇心主动询问员工，并学会倾听。

一心多用

在看电视、查邮件、整理桌面或思考其他琐事时不可能做到认真倾听，但有些人依旧我行我素，不承认这一现实——然而，现实总是现实。请上网搜索"多任务陷阱"（multitasking pitfall），可靠的相关研究不在少数。总结一下：停下手头的事，多倾听员工的想法。（这一办法也请在家中试行一星期，看看家庭关系会有哪些改善。）

深度倾听

> 我身边的每个人都比我懂得多——我的任务就是倾听各种声音，并将其中的合理化建议应用于训练和比赛中。
>
> ——杰克·尼克劳斯，高尔夫球冠军运动员

有的领导者不明白，会问："我该倾听些什么呢？"事实上，你应该侧重于倾听以下几个要点。

▶ **想法。** 优秀员工期待倾听和认可，渴望上司赏识自己的想法和对问题的解决方案。

　　我的上司不仅听取了我的建议，还让我在董事会上做展示，这让我无比自豪和感激。

——某房地产管理公司经理

▶　　**动机。**员工希望从工作和上司那里得到什么？是什么驱使他们每日早起到公司努力工作？

　　上司仔细询问了我的工作兴趣点，以及我不热衷的地方，并仔细听我讲。对我的情况深入了解后，他让我把不感兴趣的工作交给其他同事。他真的很了解我！

——某医疗公司主管

▶　　**挑战。**你需要对员工工作中的阻碍了如指掌。

　　我的下属中有名优秀员工叫丹尼丝，有段时间业绩有所下滑。我们一直在帮她寻找原因，我建议跟她坐下来谈谈。我们问她，是否有什么烦心事。丹尼丝想了想，说出了实情，原来她得了癌症，正在积极治疗，但不敢告诉任何人。她滔滔不绝地讲了两个小时，我们一直在听。讲完之后，她觉得舒服了好多，也十分感谢我们的倾听与关心。这已经是两年前的事了，目前丹尼丝已经度过了那段艰难的时光，最近还升了职。

——某跨国广告公司总监

有些读者向我们反映，他们不习惯深度倾听，尤其是深入了解员工的私人生活，担心私下里与员工的关系太近或过分关心员工可能会使领导者地位不保。

有些领导者不希望员工过多地谈论自己的私生活。我想说，让他们尽情说吧。员工花 1 个小时将所思所想倾诉，在之后就能尽力工作超过 20 个小时。

——某小型制造工厂团队主管

* * *

我雇用的都是知识型员工，我需要利用他们的聪明才智。但是，他们如果对上司、公司或自己的生活有所不满，就无法全身心投入工作。这一损失我承担不起。因此，我主动倾听员工的困难，提出我的解决建议，并帮助他们寻找相应的资源。为了使员工满意，我付出了大量的心血。

——德国某高科技公司高管

作为领导者，你无须扮演咨询师的角色，也无须给员工的私生活提建议。你应该做的就是倾听。

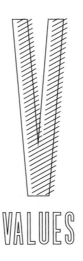

VALUES

第二十二章

价值：
匹配个人与公司的价值观

员工的价值观与团队乃至公司的价值观匹配，是留住好员工的重要因素。你的员工对每日的工作满意吗？你是否了解员工对这一问题的回答背后潜在的价值观？发掘价值观不易，但值得为之付出努力，因为它决定着员工的去留。把员工想象成你的客户，再来回答这个问题：他们最看重什么？如何帮助他们得到他们看重的东西？

思考题 什么对员工最重要？

价值观决定了人们对事物重要性的看法，也是衡量人们基本需求的标准。更重要的是，价值观能直接推动行为。

> 价值观是通过工作赚得的精神薪水，但很多人并没有得到这部分补贴。

——赫伍德·斐格勒

你的员工的价值观是否与岗位、公司或你的价值观匹配？你如何才能了解到这一点？如果可以，你应怎样帮助员工重新匹配价值观？

了解员工的价值观

无论你在底特律、都柏林还是迪拜上班，每天你都会带着自己的价值观一同开工，你不可能把它们通通丢在家里。价值观能够帮助人们成长和发展。如果价值观能与工作本身贴合，那就堪称完美了。

比起对薪酬有意见，价值观不合更可能使公司流失员工的风险大大增加。人们都希望花时间做自己真正觉得有意义的事情。如果认同工作的价值，员工就一定会留在团队中。因此，如何得知员工眼中工作的价值所在？请试着从以下问题问起。

- 你从工作的哪些方面能获得最大的满足感？
- 你最需要工作提供给你什么？这一点是否实现了？
- 你认为美好的工作日应是怎样的？
- 如果你离职了，工作的哪些地方还值得你留恋？
- 在你做过的工作中，你最喜欢的是哪一个？
- 哪些小改变可以帮助你提高目前工作与你的价值观的匹配度？
- 你在工作的哪些时刻曾感到精力充沛？

从员工的回答中抓住一些细节，比如"美好的工作日"是否意味着多与客户接触、做一次演讲、领导一个工作小组或帮助新员工适应团队等。

　　我的工作十分辛苦。每天下班后，我都精疲力竭，但脸上始终挂着微笑，这是因为每天我都会帮助十几位老年患者，照顾他们的日常起居，更会帮助他们寻找生活中的乐趣。我坚持经常去看望他们，向他们嘘寒问暖，并将他们收到的信和卡片一一念给他们听。我本可以在其他行业找一份赚钱多又不辛苦的工作，但我喜欢帮助别人，而我现在做的就是这样的工作。

——菲律宾某护士助理

若你还想继续追问有关价值观的问题，你可在下次员工大会上做如下测试，这将帮助你深入了解价值观是如何体现在职场中的。

行动清单

让员工完成以下有关价值观的选择题，从员工的回答中深入获取更多信息。

- 你期待在工作中 ＿＿＿＿ 。

  A. 获得挑战

  B. 与同事相处融洽

  C. 自主管理一天的时间

  D. 制订工作计划

- 接手一个新项目时，你对能 ＿＿＿＿ 感兴趣。

  A. 学习新事物

  B. 接触陌生人

  C. 掌控全局

D. 减轻压力

- 你买彩票中了大奖，但是你并没有辞职，你认为这是因为你 ___。

  A. 热衷于在工作中与他人竞争

  B. 舍不得同事

  C. 对事业有追求

  D. 除了工作，不知道怎么打发时间

- 你的理想工作是 ___。

  A. 有机会发挥创造力

  B. 做有利于社会发展的事

  C. 创业

  D. 每天只工作 8 个小时

- 回顾过去，你对自己的工作最满意的地方在于 ___。

  A. 参与的项目令人兴奋

  B. 能和其他部门的同事共事

  C. 能够完全独立工作

  D. 工作和家庭生活没有冲突

- 你的最佳工作状态一般是在 ___。

  A. 好奇心很重、精力很旺盛的时候

  B. 和团队一同工作的时候

  C. 自己独自工作的时候

  D. 工作没有期限要求的时候

- 成功对你而言意味着 ＿＿。

  A. 总是追求卓越

  B. 和朋友一起合作

  C. 掌控自己的未来

  D. 对工作感到满意

能够帮助你的快速指南

选"A"的人是目标指向型。请帮助他们寻找机会参与有挑战性的项目，通向清晰明确的最终结果能给他们带来成就感。

选"B"的人擅长与人打交道。可通过让他们加入工作组和项目组，来增加他们在工作中与他人打交道的机会。

选"C"的人是自我驱动型。可给予他们更多自由和独立性，进一步对自我激励进行奖励，但不要过多地过问细节。

选"D"的人看重的是平衡和按部就班的日常工作。他们是好士兵，在发生变化时最需要你的关注和安慰。

与公司的价值观匹配

公司和员工的价值观有哪些联系？这一点为什么重要？近年来，有研究证实，约三分之一的员工抱怨公司的价值观与自己的不一致。"管理层想当然地希望员工能抛弃自己原本的价值观，换上公司墙上贴的那一套价值观。然而，一旦员工与公司的价值观起冲突，后果就是员工的消极怠工——被动从事工作，甚至默默阻碍业务发展。"[1]

从正面来看，问题就是如何使这两种价值观匹配。在第四版《领导力》一书中，詹姆斯·库泽斯和巴里·波斯纳解释了共同价值观的重要性。

> 认识到共同价值观能为人们提供相互沟通的语言，当个人、团体和公司的价值观保持一致时，会产生巨大的能量。人们对工作的投入、热情和自我驱动力都会得到极大提升，他们有了更多关心工作的理由。[2]

说到贴在公司墙上的价值观，你是否意识到大肆宣传的价值观和实际践行的价值观之间是有差别的？

> 公司的价值观一直贴在董事长办公室、会议室和茶歇室的墙上。公司价值观写得很棒，但我越来越不相信这套说辞了。第一句便是"员工至上"，起初加入公司时，我还挺喜欢这句话的，我以为我总算找到了一家重视员工的忠诚和付出的公司。但我错了，我现在不相信墙上的这些鬼话了。事实是公司一直在裁员，并只重视股东的利益。说实话，公司的价值观应该改为"股东至上"。
>
> ——对工作不再抱有幻想的某员工

与员工谈话时，听听他们是否察觉到个人价值观与公司价值观不匹配的问题，并帮助他们改善这一情况。公司的公益和社会责任项目也许能帮上忙。让员工参与公司的这些项目，或帮助他们开展新的项目，从而让员工对自己的所作所为感到自豪和骄傲，以此来提高其留职率。

团队的价值观冲突

在研究了众多的离职谈话内容后，我们发现，太多的人才流失案例是因为人才的价值观与其直接上司有冲突，这一点也令我们很惊讶。

汤姆最看重的价值众所周知，包括他的老板、同事和团队成员。他注重底线结果，并且不惜一切代价兑现承诺，比如经常牺牲自己的个人生活。他管理的团队是一群Y一代员工，他们希望既能好好工作，又能好好生活。经过员工会议上的讨论，汤姆和团队成员都意识到，需要采用新手段来调和这种矛盾。以下是汤姆采取的办法。

1. 面对面了解每位团队成员最看重什么。

2. 询问关于如何消除价值观隔阂的建议。

3. 大家共同起草切实的工作协议。

4. 用几周或几个月对协议内容进行改进和完善。

5.遵守协议规程以解决价值观冲突的问题。

协议中有一条是可灵活安排工作计划，这样员工就可以抽时间参加孩子的棒球比赛。另一个例子是，汤姆向员工交代清楚了工作目标，签订这样一份工作协议，就放手让其自行安排工作进程。大家一次次共同尝试了这一做法，对有问题的地方进行调整，及时地消除了价值观隔阂。事情并没有汤姆想象的那么难，努力是值得肯定的。团队中的每个人斗志高昂，效率倍增。

你是否也注意到了团队中存在的价值观冲突的问题？

有时，作为管理者，我们习惯性地将自己的价值观强加于员工，但价值观的多样性才能使团队更加强大。注重创新的员工将成为团队中的创新者；注重独立的员工能长时间高效率工作，不会时不时地烦扰你；注重秩序和规矩的员工是你值得信赖的好部下。请勿试图将可靠的士兵变成创新者。发现各人不同的价值观并发掘其在团队的价值。（完美主义者可以成为本书的好编辑。）

行动清单

试着与团队进行关于价值观的讨论。以下问题可供选择以推动谈话进程，在全世界都适用。

- 团队中每个人的价值观是什么？哪些是相同的，哪些是不同的？

- 价值观的差异性造成了怎样的阻碍？

- 在什么情况下或哪些压力下，我们发现彼此的价值观有冲突？

- 我们从那些价值观迥异的人身上可以学到什么？

- 团队信奉的价值观和实际践行的价值观是否一致？团队的价值观是在帮助成长，还是在阻碍发展？

- 我们是否需要每次开会都讨论一下应该继续践行和摒弃哪些价值观？如果不需要，请说明原因。

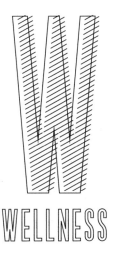

WELLNESS

第二十三章

健康：
保持工作和生活的平衡

聪慧的领导者将保持工作-生活的平衡和疏解工作压力视为人事管理的工具，而不仅仅停留在给员工涨薪上。如果员工能很好地掌握自己工作和生活的平衡，那你管理的公司或团队也能运作得非常好。优秀员工将用心工作，工作效率大增，并乐意留在这样一个能促进身心健康的环境中——情绪上、精神上、身体上都是如此。

思考题 员工是否容易感到不适或疲倦？

你的公司是否每年坚持组织员工体检？公司是否会花钱建立健身房、球场或解压室？如果你所在的公司没有做到，请继续阅读本章。注重员工健康的公司会发现这些努力是非常值得的，这一方面提升了员工的留职率，另一方面改善了员工的精神面貌，提高了工作效率。不过，本章不是教公司如何做的，我们更感兴趣的是，你作为一名领导者，应该如何提升员工的健康水平。

都柏林的某领导者建议员工为了保持身体健康，使用可以一边走动一边办公的写字台。[1] 可能有人认为这只是个玩笑，但他是认真的。西班牙的一名经理将柜子改造成适合小憩的完美空间，并高兴地宣称，在西班牙，人们习惯小憩，她也将这一习惯带给了自己的员工。有研究指出，每日小憩与降低心脑血管疾病风险、提高健康水平有着紧密的关系。[2] 看到这儿，你也想小憩了，是不是？

那么，如何做才能提高员工的身体健康水平呢？

健康与适者生存

如今，职场是个精力充沛、效率爆棚的地方。要想在职场获得成功，那么无论你还是你的员工，身心都需要充分适应这一环境。随着职场竞争日益残酷，健康的身体也就成为人们的必需品。如果你健康状况不佳，那你当然无法在工作上取得成功。因此，关注员工的健康状况，对于留住好员工和提高工作效率都不可或缺。

什么是健康？

有人认为，健康就是能在 4 个小时内跑完死海马拉松；有人认为，健康就是远离偏头痛的困扰；有人觉得，健康就是在下次体检前能舒缓压力，让高血压降下来。

一般而言，我们将健康定义为一个人在身体、精神和情绪等方面处于良好的状态，有些人也称这种状态为"幸福"。为了更准确地理解健康的含义，你可以回顾一下最近一次在假期中拥有的无比放松、精力充沛、反应灵敏、精神上获得极大满足的状态。当然，在工作中奢望你和员工都能保持放假时的那种完美状态是不切实际的，但为了提高员工的健康水平和幸福度，憧憬一个完美的场景也是十分有用的。

请对员工的幸福度进行密切关注，这也是我们想要告诉你的。

（几乎是）一声叹息

　　塔尼娅最近缺勤了好几天，整个人沉默寡言，对待工作也不上心。她之前可是一个活力四射、风趣幽默的人，还经常在团队士气不足的时候鼓舞大家。鉴于塔尼娅仍能完成自己的工作，她的上司决定先不理会她缺勤和情绪变化等问题，担心贸然找她谈话可能会干涉她的私生活，这有些冒险。最终，她的上司什么措施也没有采取。

　　三个月后，塔尼娅泪眼婆娑地向上司提交了辞呈。上司十分惊讶，向她表示她对团队十分重要，没人希望她离开。塔尼娅惊讶地说道："我以为你并不关心我，因为你从未问过我缺勤和情绪低落的原因。我以为团队没有我会发展得更好。"

　　塔尼娅的上司最终还是做了本应在好几周前就做的事。他并没有刨根问底，只是竭尽所能提供帮助。塔尼娅终于放声痛哭（这次流下的是感激的泪水），并解释说，由于健康出现了问题，她无法像从前那样承担家庭和职场的责任，这种失衡给她带来了很大的压力，导致她意志消沉。

　　在几分钟内，塔尼娅的离职申请就变成了帮助她重获健康和工作–生活平衡的计划。该计划还包括每周在家工作两天、上下班时间提早等举措。塔尼娅对上司和团队的忠诚与奉献大大提升，工作也干劲十足，经过几个月的调整，她重新回到之前的工作中，整个人容光焕发。

塔尼娅的上司十分及时地做了一件对自己、团队和塔尼娅本人都有益的事。他对整件事进行了思考，并召集团队一起出谋划策。可以肯定的是，塔尼娅今后很难被其他团队或新机会吸引了。她的上司唯一需要改进的地方就是应该早点儿找塔尼娅谈话。

无论员工面临的是健康问题、压力还是情感纠葛，作为领导者，你的应对方式都应该是始终如一的：询问员工需要怎样的帮助，并联合团队的力量制订解决方案。

行动清单

- 观察是否出现了问题，或员工的工作习惯是否发生了重大变化。不要等待，请第一时间询问员工，你能提供怎样的帮助。这一点看上去简单，但实际能做到的领导者少之又少。

> 我手下的一名优秀的工程师最近总是怒气冲天，给团队造成了很大困扰。我的老板建议我辞退他，但我觉得这个人很重要，值得"投资"。在与他的面谈中，我向他推荐了公司的员工援助项目，他能从项目中获得所需的帮助。通过这个办法，他将自己的困扰处理妥当，和他共事重新变得有趣了。其间我对他的支持于他十分重要，于整个团队也是一剂强心针。团队变得比以前更团结，工作效率也更高了。
>
> ——某工程部经理

- 当员工告诉你问题所在时，请与他一起制订改善计划。

"平衡"问题

大多数人需要工作，但所有人都需要生活。二者应该兼顾。

某高管唉声叹气道："我已经一个月没给我母亲打电话了，我的乳房 X 光检查也推迟 6 个月了。这两件事就像两座大山一样压在我身上，我的压力陡增。"职场人士想要休息，想要工作以外的生活。他们需要时间打电话给家人，也需要时间做体检。

在工作和个人生活之间找到平衡点对员工的健康大有裨益，这也是一直困扰着关注健康问题的领导者的难题。我们了解到，已经有团队花费多年时间研究如何找到平衡点，也就是他们口中的"B 问题"（"平衡"问题）。这几乎已经超出了讨论的范畴，因为有效的解决方法似乎少之又少，连团队成员都"厌倦了对这个问题的讨论"。

尽管如此，我们仍然认为你需要讨论并思考这个问题，甚至采取相应的行动。保持工作和生活的平衡（有些人也称之为"工作和生活的融合"）对你和你的员工来说意味着什么？（这对每个人来说都是有区别的。）

我们听说，有家工厂的主管给团队的 90 名员工每人每年一小笔资金，让他们做一些能保持工作和生活的平衡的事情。他唯一的要求是："告诉我你是如何花掉这笔钱的。"花钱的方式集中反映了每个人在寻求平衡方面的需求不尽相同。有的人把钱花在舞蹈课上，有的人买了一套鼓，有的人买了园艺工具，还有的人把钱用来学习太极和跆拳道。发给每人一点儿钱对主管而言并不是个大数目，但其传递的信息却非常明确。你是否有可以这样随意支配的预算呢？

我们并不是说员工的平衡问题需要你一个人考虑，或者你必须对此制定应对策略。我们的意思是，你可以采取行动鼓励员工获取平衡，从而保持健康。

把生活想象成一场游戏，你要在空中同时抛接 5 个球。你给它们起名为工作、生活、健康、朋友和活力。把球抛到空中时，你会突然意识到，原来工作是个橡皮球，把它扔下去的话，它会反弹回来。但其他四个球都是玻璃做的，任何一个被扔下去，都必定会摔坏，这种损害是不可逆的。球上会留下磨损的印记和裂痕，甚至会摔成几瓣。它永远无法和之前一样了。你一定要明白这一点。

——布莱恩·迪森，可口可乐前首席执行官

不要过分要求员工

花更少的精力取得更好的效果，比竞争对手抢先一步，变得更有创造力、更有革新意识、更与众不同，少花钱多办事，时刻准备着。以上这些压力让很多人心生感慨，因为这些要求实在是太过分了。

在美国及世界上许多国家和地区（如泰国、韩国、巴基斯坦等），人们为了创造更大的竞争优势，不断延长每周的工作时间。事实上，多年的科学研究证实："每周工作 40 个小时最合适。工作时间增加 20 个小时，工作效率并无明显提升，且只要这种情况持续 3~4 周，工作效率反而就会下降。"好消息是，在全球最具竞争力的 10 个国家中，瑞典、芬兰、德国、荷兰、丹麦、英国这 6 个国家已将每周工作超过 48 个小时认定为违法行为。[3]

一声叹息

库马尔注意到自己最近总是对员工疾言厉色，在睡眠方面也遇到问题，经常会觉得精神不振。有次，朋友问他在工作以外的时间一般做什么，他答道："我哪儿有工作以外的时间？"过去，他晚上总是待在家里，看看电影、会会朋友、看看书、听听音乐放松一下，并且每星期有 4 个晚上要去健身。这一切现在看来都只是遥远的回忆。他的新老板的工作风格是：哪怕最没有抱负、工作毫无积极性的员工每天晚上也要在公司待到很晚。这对生活的平衡和员工的健康都产生了极大的影响，也导致了库马尔的员工对他的乖戾性情感到不满（其中有两人已经辞职）。库马尔的工作效率大幅下降，他开始经常感到头痛，并不断抱怨上司和公司。最近，他开始在网上查找招聘信息，他觉得肯定有比这正常的工作环境。他只要找到新公司，就会马上辞职离开。在新公司，至少工作以外有生活，并且有机会找到工作和生活的平衡点。

你又做得如何？作为领导者，你为员工树立了怎样的榜样？你对员工又有哪些期望？请问问自己以下几个问题。

- 我是否鼓励员工成为工作狂？我自己是个工作狂吗？
- 我是否希望员工双休日也出差或加班？频率如何？
- 我是否经常很早或很晚召集员工开会？
- 我对员工长期加班的表现表示赞赏，还是对他们的工作质量表示赞赏？

你在这些方面做得如何？通常而言，领导者自己的言行或对员工的期望和赞赏，会对员工工作–生活的平衡关系产生影响。

行动清单

- 按照你的期望，为员工树立学习的榜样。你如果希望员工在生活上取得更多的平衡，就必须以身作则。请和员工分享你取得平衡的方法，不过他们很可能觉得你并没有达到这种平衡（希望他们的看法是错误的）。

- 在下一次员工会议或一对一谈话中讨论有关平衡的话题。请将时间都安排在这个话题的讨论上。

- 询问员工，什么对他们的人生来说是最重要的？（你要做好准备，因为对很多人而言，工作并不是在第一位的。）

- 支持员工取得工作－生活的平衡，鼓励他们从事喜爱的活动。可以和他们聊聊高尔夫球课或孩子学校比赛的情况。

压力过大会导致低效

我把病假都用完了，下一次请假应该是我离开人世的那天了。

——匿名人士

汉斯·塞利是压力管理研究的创始人，他曾说："完全没有压力，就等于死亡。"我们也认可，生活本身就是常常充满压力的。然而，塞利和其他研究人员也发现，尽管一定程度的压力水平能激发杰出表现，但压力过大将导致表现不佳，甚至由此生病。

在公司内部，我们很少听说压力太小的情况。有时，我们能看到适度压力带来的优秀表现，但更多时候，难以承担的压力对健康和工作效率产生了不小的负面影响。生活失衡和压力之间似乎有着紧密的联系。失衡一旦发生，工作量和工作压力都着实不小。当人们取得了生活的平衡时，工作压力就会随之减轻，或者仅仅是能更好地处理业务了。

> 40年来，我们的医学研究主要集中在压力的不利影响上。现在我们得知，人的压力越大，就越容易形成成瘾行为，也越容易受到心脑血管疾病、传染病和某些类型的癌症的侵害。但是，我们并没有分析相反的情况：如果压力使人生病，那快乐能使人感觉更好吗？现已证实，快乐的确可以令人感觉更舒畅。[4]
>
> ——迪帕克·乔普拉博士

瑞士和法国都出台了保护员工健康与福利的劳工法，其中瑞士法律规定公司负有注意义务（duty of care），即禁止公司的工作环境对员工的身体健康有害。同时，法国的雇主须关注员工的身心健康，包括采取相应措施减轻员工精神上的压力和痛苦。公司须清理不切实际的截止期限和目标，减轻员工沉重的工作负担，并给予员工对自己的工作强度和计划进行自主控制的权力。

也许你所在的国家并没有类似的法规，但仍然有很多方法能帮助你营造健康的工作环境。以下几个方法供你参考。

行动清单

- 密切留意压力过大的征兆。如果发现一些端倪，就要及时询问员工最近生活如何（感受怎样）。员工会感谢你的关心，对你更加充满信心。

- 当你了解到发生了什么的时候，请与员工共同寻找能舒缓压力、提高幸福感的解决方案。在这个过程中，请保持思维开放，创造性地解决问题。

- 在员工尝试进行压力管理的时候给予支持。例如，迈克觉得每天两次 15 分钟的散步可以缓解自己的压力，请确保你对他的做法给予了鼓励。你的支持终将是值得的。

- 观察你自己发挥的作用。请勿在晚上给员工打电话——让他们好好放松一下吧。

当我们创造了一个理想的工作环境并致力于让人们获得工作-生活的平衡时，我们就能吸引和留住最好的员工，这将成为我们的竞争优势。

——刘易斯·普拉特，惠普前首席执行官

减压方法

请尝试以下减压方法。你先试试看——如果有效，不妨再推荐给自己的员工。

- 如果可行，请将部分工作交给其他人。谁能为你提供帮助？应该如何找寻援助？仔细考虑这几个问题。

- 多休息。起身，转转身体，快走几分钟。

- 从"电子控制"中解脱，比如设置周三上午为"无手机时刻"。（除非不用手机会增加人们的压力！）

- 学习放松、冥想或呼吸的技巧，可以参加一些压力管理或正念训练的课程。

- 通过运动来减压。健身、快走、瑜伽、慢跑等都是不错的选择。

- 践行"周五不开会"的原则。将工作安排在周五前完成。

- 寻找专业咨询师的帮助。

- 吃好睡好。你最近离开过办公桌进行午休吗？

真正给自己放个假。我们熟悉的一位管理者要求，在放假期间，谁都不能查看邮箱或语音信箱。（这也意味着，在这种情况下，你需要他人的支持和帮助。）

X-ERS AND OTHERS

第二十四章

代际差：
与不同年龄段的员工相处

激励不同年龄段的员工并留住其中的优秀人才，这一挑战仍在继续。了解每代人的差异不是为了划清界限，而是为了更好地了解他们，并提高共事的效率。本书的 26 个策略适用于任何人，但也请记住，每代人都有其独特的要求。此外，由于是否留在公司仍属于个人决定，因此除了考虑每代人的共同需求，还应考虑员工的个人需求。

思考题 不同年龄段的员工有什么区别？

注意！

本章就近年来针对不同年龄段员工的态度和行为的研究进行了总结和概括，并建议领导者在管理员工时，不仅要考虑共性，更要考虑每个员工独特的性格特征。本章旨在提供一些不同年龄段员工的行为特征的相关信息，不是为了将员工分门别类，而是提供一种指导思想，以便让领导者更好地留住优秀员工。

你所在的公司是否愿意从人口统计学角度对客户进行研究，并在此项目上投资？客户研究专家和市场营销专家总是利用这些信息以提供更好的服务或销售更多的商品。你是否可以采取同样的方法主动了解你的员工呢？

代际分析的根本价值在于更多地了解他人行为背后的行事逻辑。站在他人的角度看问题，人们就能更好地表达自己的想法，并采用能带来积极影响的手段提出需求，至少不会经历在现今职场上遇到的一些挫折。

我的建议也许很简单，但很重要：请记住，你对事物的看法很可能和他人不同。站在他人的角度看问题往往能告诉你，他们为什么会得出此结论。与其他年龄段和背景的人共事时，一定要考虑到对方观念的形成方式，从而正确认识到，他们的看法的确与我的不同。[1]

——塔玛拉·埃里克森，著有《X一代：下一步该怎么办？》

（*What's Next, Gen X?*）

下面的例子就是利用代际分析来展现员工的需求的。

> **假设**：各年龄段的优秀员工都希望工作灵活性强一些。以下是每代人对"灵活性"的思考和定义，请注意因为人生阶段、价值观和期望不同而产生的细微差别。

关于灵活性

- **成熟一代**：我已经拥有了。我希望多点儿时间陪伴孙子（或曾孙），多点儿时间去度假，多点儿时间学习新东西，或多点儿时间体验所谓的退休生活。

- **婴儿潮一代**：我需要。我希望工作、生活更平衡，工作时间更有弹性，多点儿时间陪伴子女和孙子孙女、照顾老人。我希望去欧洲旅行，我还希望为我所在的社区做些有意义的事情，贡献自己的一份力量。

▶　**X 一代**：这是我理应得到的。我希望我的工作能更加灵活，希望自己能选择把时间花在学习管理课程上，还是花在陪伴家人、朋友和培养自己的爱好上。

▶　**Y 一代**：我十分期待拥有它。我希望能休假去日本生活一年，希望能与同事自由地共进午餐，尽兴后再回来。

他们都想在工作中寻求灵活性，但他们对灵活性的设想却大相径庭。

什么是"一代人"，他们又是谁？

> **注意！**
>
> 如果你生活在美国以外的其他国家，那么可能各代人的时间节点和名称与本章提到的有差别。大家的相同点在于代际的确有差异。阅读本章时，请思考不同年龄群体的特征对开展公司业务有哪些影响。

"一代人"是指同在某一时间段出生，并且共享生命各阶段特点的一群人。每代人的名字由或高或低的出生率定义，他们都受到文化事件、时代变化及特定挑战的影响，尤其是在成长阶段。

因此，每代人都形成了自己对待工作的态度、观念和价值观。

> 你属于哪代人，可不仅仅是只看生日那么简单。这意味着你归属于哪个时代，也意味着你喜欢的是摇滚乐队还是小型爵士乐队，更意味着你打球用铝质球拍还是木质球拍。你属于这代人，那么你的行为会与其他时代的人截然不同。
>
> ——佚名

如今职场充斥着四代人，每代人的观点和期望各不相同。难怪职场中到处都存在代沟。依据不同的研究结果，每代人的出生日期和人数略有不同。我们在这里参考的是苏珊·米切尔的著作《美国各代：他们是谁？如何生活？在想什么？》。[2]

我们建议，少焦虑于每代人身上贴的标签和所处的时代，多问问自己："代际有哪些异同？这些异同如何能帮我留住好员工？"

行动清单

读到此处，请思考以下问题。在你的团队或业务部门中进行讨论，确保参加者中包括每代人的代表。感谢 Learning Café 学习平台授权我们使用这些问题。[3]

- 职场中，每代人的特点是什么？每代人为公司做出了哪些特殊贡献？

- 就工作环境而言，最吸引每代人的是什么？

- 已有客户和潜在客户都属于哪代人？

- 要成为一名"代际友好"的领导者，应开始做什么？继续做什么？停止做什么？

- 如何促进代际的沟通和交流？

- 从代际角度看，应采取哪些政策？进行哪些实践？开展哪些行动？

	成熟一代	婴儿潮一代	X一代	Y一代	
出生于 1930年	1933—1945年	1946—1964年	1965—1976年	1977—1998年	2000年
	3 400万人	7 600万人	4 100万人	7 500万人	

千禧一代、Y一代（出生于1977—1998年）

Y一代又被称为下一代和回声潮一代。美国的Y一代有差不多7 500万人，这代人和之前的婴儿潮一代的人数相当，而且两代人对职场的影响都不容小觑。

全球Y一代的人数已达到历代之最，但不同地区的人数却有很大区别。Y一代在亚洲人口上有着压倒性的优势，但在欧洲，由于出生率下降，Y一代反而不如前几代的人口多。因为人口庞大，这代人的工作风格也与前几代截然不同，这更值得我们观察。如果暂时放下对人们工作方式的成见，这代人会是我们很好的学习对象。

——塔玛拉·埃里克森，著有《X 一代：下一步该怎么办？》

Y 一代是公司的暑期实习生，是刚毕业的大学生，是新的
MBA（工商管理学硕士）。许多人已经在从事他们的第二份工作了。
事实上，由于总喜欢跳槽，很多人甚至已经换了两三份工作了。
他们可能是你的助手，也可能是你的老板。这代人中年龄偏大的
已经在职场奋战了很长时间，因此我们大致能够了解他们，知道
他们的需求。

Y 一代雄心勃勃，渴望一切也怀疑一切，如果没有充分的
理由，就不要期待他们会为了工作而长途跋涉或熬夜加班。说起
忠诚度，他们一般将公司排在人生列表的最后——在家庭、朋友、
社区、同事及自己的后面。

Y 一代带来的和想要的

Y 一代是数字化的一代，他们伴随着手机、笔记本电脑、网
络及在线社交媒体长大，每个人不仅有装备豪华的个人电脑，并
且只要想要，就可以用服务器来做副业。这一代人是杰出的多任
务处理者，在做作业的同时，还能用手机和朋友聊天、回复电子
邮件、观看在线电视节目、在聚友网和脸书上给朋友发信息。在
工作上，这一代人也十分努力，并且期望着更上一层楼。他们重
视结构、过程和反馈。

　　单纯地用金钱来吸引 Y 一代是徒劳的，对这代人而言，比起冰冷的钞票，工作中更具吸引力的是工作灵活性、自由和发展。他们渴望获得金钱，但工作也得按照他们的方式来：工作时间适宜、工作氛围良好、学习机会较多、有成长空间、使他们具有使命感等。至少，工作得酷，能够引领潮流，并能真正地改变世界。

　　比起单打独斗，许多人更喜欢团队协作。他们是优秀的团队成员，他们容忍权威，接纳多样化，更是美国历史上受教育水平最高的一代。他们为全球化做好了准备，经常通过各种渠道了解国际大事［CNN（美国有线电视新闻网）基本上也是这一时期成立的］，喜欢和日本青少年一起玩口袋妖怪卡，在所到的国家都能寻觅到麦当劳的身影，更可以在线或通过其他渠道与世界各地的人进行畅快交流。

　　Y 一代具有公民意识，好奇心强，也很懂礼貌。他们受到成熟一代的吸引，因为前辈们会给他们提出有益的建议和指导。我的中国同事说，在中国，年轻员工对老员工十分尊敬。俗话说，"家有一老，如有一宝"，意思是"家中有老人如同拥有宝藏"。公司中要是有这样的宝藏，实在是一份珍贵的礼物！

留住 Y 一代的小技巧

　　请记住，询问每位 Y 一代员工，如何做才能将他留在公司。除了将本书提出的所有 26 个因素都考虑到，还需运用以下策略。

▶ **提供机会**：帮他们找到发挥聪明才智和在团队中工作的方法。他们习惯于接受挑战和结构化管理，因此请一定邀请他们加入已有项目或创建新项目，并不断提供晋升机会。务必给他们提供惯用的技术支持，因为他们已经很依赖于此了。此外，他们对额外的假期或奖金感兴趣。

▶ **实话实说**：定时给予真实反馈。这一代人是由老师、父母和导师按部就班地安排考试和加大投入培养起来的，所有的努力都是为了让这一代成长得更为出色，因此，你需要比每年对他们的表现进行考核和评价做得更多。

▶ **达成目标**：帮他们建立更长远的目标，增加职业发展的选项，并提供就业保障。当员工实现目标时，别忘了进行奖励，还要用他们认可的方式（例如口头表扬、放假一天、发奖金或提供最新的电子产品等）。

X 一代（出生于 1965—1976 年）

自本书第一版出版至今，这一代人在不断成长。他们是那时的"新新人类"，但如今都成了资深的中层管理人员。我们有幸和这代人一起工作，其中有的是我们的下属，有的已经是上司，他们不再是富有神秘感的一代。

X 一代目前在美国有 4 100 万人，随着婴儿潮一代逐步退出职场，他们有望成为出色的接班人。但目前还没有足够的人才来胜任这些工作。X一代的数量将持续减少（是的，甚至比如今还少），当企业为选拔人才互相竞争时，他们的选择会增多。

X一代带来的和想要的

老员工在翻阅X一代的简历的时候，通常将其总结为"跳槽频繁"。这代人的工作经历对年长的人事主管而言可能是支离破碎的，但对X一代却很有意义，因为他们认为，公司就是学习新技能和积累经验的地方，是寻求其他新机遇的跳板。X一代很多人的简历印证了这一想法，从简历中能看出，他们在几年的时间里已经换了五六份工作。他们在加入你的公司后，也会将自己丰富的经验带进来，从而提高团队实力。

X一代在工作中秉承独立工作的原则，他们希望能清晰地了解上司的期望；一旦工作目标和成果确立，他们就需要空间、资源和自由度，并按自己的方式和计划实现目标。

一声叹息

报酬不错，工作地点也不错，但我知道我能比现在做得更多。然而，上司只让我继续从事目前的工作，所以我辞职了。

——某高科技公司X一代员工

X一代尽管不会盲目忠诚于某家公司，但会对项目、团队、喜欢的上司、公司使命，甚至公司本身死心塌地，且这种忠诚度一般建立在与公司互惠互利的基础上。X 一代能受到挑战、得到成长、享受工作、获得认同，同时公司也能从他们身上得到回馈，员工自然会留下来。一旦这种关系被削弱，或关系的平衡被打破，员工就会很快离开公司。

X 一代也希望能维持工作与生活的平衡。他们有底线，也捍卫自己的底线。这并不是指他们无法接受偶尔的通宵加班，但也别指望他们这样坚持 20 年。很多人认为，这一代人留下的最宝贵的礼物就是让保持工作-生活的平衡这一概念走进了大众的视野。他们不是为了工作而活，而是为了活着而工作。

留住 X 一代的小技巧

如同每代人都有自己的独特性一样，每个人的个性特点也完全不同。请询问你的员工，怎样能将他们留在公司，并牢记以下几个策略。

▸　**职业发展：**多给予他们挑战、学习和进步的机会。X 一代将公司看作职业发展道路上的中途停靠站，用以磨炼工作技能，提升自身价值。请帮助他们培养新技能，并寻求更多的职业发展可能性。

▸　**信息：**让员工及时了解信息。及时真诚地与员工进行沟通，并使用员工能够接受的沟通方式。对这代人而言，电子邮件是最受欢迎的方式，但面对面交谈对改善与员工的关系大有助益，有助于提高员工的留职率。

▶ **空间**：提高工作的灵活性和自由度，帮助员工建立工作和生活的平衡。不要过问太多工作细节。调查一下他们最看重哪方面的自由以及如何能改善工作和生活的平衡。（如果你比这代人年纪更大一点儿，请在这方面向他们学习！）

有读者或许有疑问："等一下，我是婴儿潮一代，但我想要的和 X 一代一样啊。"这也可能属实，但区别在于：婴儿潮一代如果得不到自己想要的，只会满腹牢骚；X 一代如果得不到想要的，就会头也不回地毅然离开。X 一代的需求也许和其他人的相差不大，但他们更愿意提出需求。如果需求不能被满足，他们就会直接离开。

婴儿潮一代（出生于 1946—1964 年）

美国的婴儿潮一代有 7 600 万人，分为两部分：一部分是早期出生的，一部分是晚期出生的。他们是"企业中的皇帝和皇后"，竞争力十足，工作也十分努力。他们看重个人目标和取得的成绩，这已经成为这一代人的特征。如今，这一代已经快到传统的退休年龄，开始对生活的意义和目的再次提出疑问。他们中的部分人属于"夹心一族"，上要照顾老人，下要抚养孩子。另外那部分拥有充裕的时间和可观的收入，子女们也已长大成人、离开了家，他们正在探索享受生活的方法。

婴儿潮一代带来的和想要的

婴儿潮一代抱持"为了目标不惜代价"的态度，这让他们取得了巨大的成功。但同时，这种态度也与其他两代年轻人的理念冲突，后者认为婴儿潮一代为了自己的成就和自我满足可以牺牲一切，甚至包括家庭生活。婴儿潮一代被称作"自私"的一代，他们只为自己利益着想的做法经常遭到诟病。反过来，婴儿潮一代认为年轻人的生活态度只是不愿意履行义务和提升自我而已。

如今，婴儿潮一代也在探索平衡工作和生活的方法，例如提前退休，但他们并不是想完全停下工作。问题来了：这代人适合什么样的工作呢？他们能否胜任此工作，并为你所用呢？

留住婴儿潮一代的小技巧

请试着利用以下方法留住那些优秀的婴儿潮一代员工，别忘了再问问他们的需求。

▶ **激情：** 帮他们找到有意义的工作。从 10 岁起，这代人就在寻找生命和工作的意义。问问什么能让他们热情充沛，目前的兴趣点在哪里，以及如何将热情融入工作。还要问问，他们想在工作中发挥何种作用。他们拥有大量的时间和精力，并可将其奉献给团队。

▶ **充实**：鼓励他们不断补充新知识，并进行指导。在这代人中，即使是年纪最大的人也渴望学习。你要是去大学的世界史、陶艺或政治学课堂上看看，就会发现很多银发一族。问问你员工中的这代人，新的一年想学点儿什么新东西。

▶ **奖励**：对他们的工作表现和成绩多多留意，并表示感谢。X一代和Y一代对忠诚、承诺的不屑，以及不愿意一生只做一份工作的态度，令婴儿潮一代极度不满。你需要认同他们的这种价值观，如果你认同了，他们就会竭尽全力为公司奉献。

成熟一代、沉默一代（出生于1933—1945年）

等等——这代人已经离开职场了吧？或许不在你的公司工作了。不过，这代人中还有很多人虽然年纪很大，但仍留在工作岗位上。无论是在大公司还是在小公司，都时常能看到他们的身影，有的人甚至会采用全新的工作方式。

维塔针（Vita Needle）公司的一名93岁的员工说："我们公司倾向于雇用年龄大的员工，认为年龄越大，做得越好。"这家公司有自己的一套雇用和留住员工的办法，这也使得公司的人员结构与众不同，员工的平均年龄高达74岁。当被问到为什么有这么多成熟一代员工的时候，经理是这样回答

> 的："这些人关注细节，对学习新事物有激情，关心产品质量，还对公司忠诚，为什么不用他们？"

　　维塔针公司也许是个特例——不过，它也有可能引领新的趋势。

　　成熟一代也被称作"老兵"、"动荡的一代"、"沉默的一代"或"婴儿潮之前的一代"，在美国，这一代有3 400万人，他们工作经验丰富，并通过辛勤工作和对公司的忠诚创建了很多传统企业。他们赞赏并理解实现共同目标的重要性，也留下了永久的知识宝藏。你也许会在深思熟虑后，让这代人在公司里多待一段时间，哪怕是兼职或者担任顾问。

成熟一代带来的和想要的

　　成熟一代帮你引领公司，留住客户，还保存着公司发展的全部回忆。他们有责任心，还乐于助人。如果愿意深入挖掘，你就会发现，他们拥有重要的知识财富。

> 在电影《关于施密特》中，杰克·尼科尔森扮演施密特先生。剧中有一幕是这样的，施密特在退休前最后一天坐在办公桌前，看着时针渐渐指向5点。他将一生都奉献给了这家公司，这些时光似乎都堆在那个他从办公室清理出来的箱子里。他

> 不断地问周围的人们："他们何时来取箱子？"5点到了，这
> 是他最后一次下班了。箱子却还留在那里，没人取走。

施密特深知，如果有人能花时间倾听他——甚至从他身上学点儿什么，那么此人一定会受益的。

留住成熟一代的小技巧

请记得询问，怎样能将他们留在公司，并牢记以下几个策略。

- ▶ **尊严**：尊重他们，并深入挖掘其知识宝库。告诉他们，你十分珍惜他们为团队和公司做出的贡献。接下来，将这些知识切实应用于工作中。
- ▶ **良师**：邀请他们为年轻员工提供指导，将他们的工作经验和人生智慧传承下去。成熟一代与Y一代有着更多的相同点，因此这两代人的组合能发展出优秀的指导或反向指导的关系。

　　辞掉公司所有的老员工，你才会真正看清一切。你会发现，工作中无形的那部分知识无人能教。你可以教员工认识油泵，并告诉他们工作原理，但是无法指导他们如何靠声音分辨油泵是否坏了。

——某石油公司员工

▶ **联系**：让成熟一代加入社区活动，以发挥其专业技能。问问他们是否愿意参与社区服务，或者组织下一次慈善活动。

▶ **雇用**：如果你遇到人才短缺的问题，或你希望找到既聪明又忠诚，踏实肯干又与客户联系紧密的员工，请试着考虑一下成熟一代，哪怕只给他们提供兼职的岗位。许多公司如今都跟美国退休人员协会（AARP）合作，以便在寻找这类员工时发现合适的人选。这不失为双赢的举动。

现在，你应该有了充分的理论支持，接下来试着在实际中灵活应用吧。

避免冲突

> 我曾经招聘了一名年轻优秀的传播学女硕士。在工作仅一年后，她就申请休假——但并不是想出门旅行。她想花一年的时间在日本迪士尼乐园扮演灰姑娘。我和上司讨论了很久，决定给她不带薪的假期。她很优秀，我们都希望她能回来。我对她有信心，也希望她今后能继续和我们一起工作。
>
> ——某公关公司经理

作为婴儿潮一代，这名经理绝不会在为公司效力仅一年后就要求一整年的假期，所以他也可以认为员工的要求不可理喻。但相反，他考虑了每代人的差别，并给予员工足够的重视，在她身上看到了很多可能性。你是否也会这么做呢？

下面是我们听到的一些有关文化冲突的案例。

- 婴儿潮一代的一名招聘主管正在面试一名 28 岁的 Y 一代。当主管问这名求职者还有什么问题时，她答道："我有多少假期？我什么时候能开始休假？"
- 一名 X 一代员工对"强制"培训毫无兴趣。他告诉自己的婴儿潮一代上司，他想用专家指导和专题阅读来代替培训。
- 一名 Y 一代员工的上司是 X 一代，这位上司被称作"缺席经理"。
- 一名 X 一代员工对成熟一代上司说，他哪怕完不成项目，也要去观看儿子的足球比赛。
- 在拜访大客户之前，婴儿潮一代上司想和 Y 一代员工交代几句，但员工却说："不用了，谢谢！我们会做得很好的。"

以上这些案例是否也为你敲响了警钟？从你所了解的现状出发，你应如何停下脚步思考并避免类似的冲突发生呢？

我不喜欢这个人，但我必须更好地了解他。

——亚伯拉罕·林肯

给你提供一份备忘清单，帮你记住不同年代员工的区别。（再次感谢 Learning Café。）请充分利用此表格留住你们公司的每一位好员工。[4]

表 24.1　不同年代的员工在工作上的区别

	千禧一代 / Y 一代	X 一代	婴儿潮一代	成熟一代 / 沉默一代
工作氛围				
如何将工作融入生活？	工作是工作，生活是生活	工作是为了生活	活着是为了工作	工作第一，娱乐第二
工作中的领导风格属于……	导师和朋友	完全放手	共同完成	居高临下，掌控一切
沟通方式				
接收信息一般习惯于用……方式	通过聊天软件发消息	发邮件	开会	书面汇报
更喜欢……反馈	第一时间告诉我好消息	我做得如何	给我钱	没有消息就是好消息
职业发展				
这一代的发展口号是……	"我全都想要，就现在！"	"公司能给我带来什么？"	"有付出才有回报。"	"先做好自己的本职工作。"
通过……方式成就事业	频繁跳槽	培养自己的综合素质和能力	脚踏实地攀登事业阶梯	稳定地工作，赚取稳定的工资

关注人才发展的领导者可通过了解这些区别并对其加以合理利用，来留住公司内部的好员工。

Z 一代（出生于 1999 年以后）

就在人们认为已经将几代人划分清楚时，新的一代正在茁壮成长（这也是很正常的）。除非你即将退休，不然你总得和他们一起工作。这代人也被叫作"I 一代"或"网络一代"。

一些欧洲国家还把这代人称作"迷失的一代"。就在我们写这本书期间，希腊、西班牙、意大利、葡萄牙和爱尔兰 25 岁以下人群的失业率达到了历史高点。这些年轻人接受了良好的教育和训练，但在自己的国家找不到工作。若这一趋势继续发展，则未来几年 Z 一代会从欧洲范围内迁移，方向主要是从欧洲南部到北部。

专家们正在就这代人的未来职场表现下赌注。以下列出了 Z 一代可能具备的工作特点。

- 很聪慧——应该是至今最聪明的一代了。
- 真正的数字原住民，也是与网络联系最紧密的一代。
- 沟通迅速——忘了电子邮件吧！
- 善于接受新知识。
- 喜欢和不同民族、种族和宗教信仰的人交朋友。
- 回归个人主义，不喜欢团队协作。

- 自我驱动型，按照个人目标逐步前进。
- 以光速进行信息处理，反应和行动都很迅速。
- 乐于回应那些处事灵活、目标至上的管理者。Z 一代偏好短期目标的实现。(这下你明白了吗？)

听起来这代人挺不错的吧？我们拭目以待。

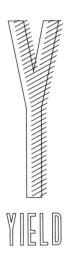

YIELD

第二十五章

放权：
下放权力和价值，实现双赢

下放权力能帮你留住好员工。放权越多，就越能释放员工的创造力，促使他们做决定，更影响着团队的成败。员工的工作满意度将节节攀升，你留住好员工的可能性也会大大增加。同时，公司将更有竞争力，并能圆满达到公司目标。你拥有的权力在很大程度上都可逐步下放，试着这么做，看看会发生什么。

思考题 你是否认为，你的方式就是做事的唯一方式？

    假设你正驾车准备驶进繁华城市的一条高速公路，或停在没有红绿灯的十字路口，抑或是在电影院排长队，当有人面带微笑打着手势对你说"请先走"时，你可能会感到讶异，因为这种举动极为少见。

    同样地，放权在职场上也实属罕见，领导者一旦拥有权力，就想要牢牢把握自己的权力和地位，也可能因为上司从未将权力下放，所以他们也不知道怎么做。他们从上司身上只学到了事无巨细、全程过问，因为上司从不信任员工，对员工时时警惕，并仔细监督工作的全过程——就像他们做的那样。

    在对离职谈话的研究（主要是探究人们离职的原因）中，我们发现，微观管理对大部分优秀员工都不适用，放权才是更好的方式。放权给予了员工为自己思考的自由，能使员工富有创意、激情四溢、效率爆棚。员工的工作热情和自我价值的实现能增大他们留在公司继续工作的概率。

"放权？我才刚得到权力啊！"

晋升为领导者，最吸引人的因素之一莫过于权力欲得到了满足。哪怕你从未有意识地变得更有权威，当你的能力足以让你做出更大的决定，可以指挥他人的活动，甚至成为团队成功的焦点时，这种感觉或许也还是会让你自己膨胀并得到满足。

你一旦得到这种权力，就不会轻易放手。我们的很多榜样教育我们，要紧紧握住手中的权力——适当使用（这是善良的执政者所做的），但不要放弃。后来，20 世纪 80 年代的管理书又宣扬权力下放，令很多领导者感到十分迷茫。他们问："为什么我要允许员工做更多决定，拥有更多声望和控制权？如果你解答了我的疑问，那也请你告诉我，如何将权力交给员工？"

> 为了顺利完成工作，必要时，请忽略我的存在。
>
> ——《成为乘法领导者：如何帮助员工成就卓越》的
> 作者莉兹·怀斯曼提供的贴在副总裁门上的字条内容

那么，让我们看看这两个关键问题：为什么要放权，以及如何放权？

为什么要放权？放权对你有什么好处？

下面这个案例揭示了放权的部分好处。

一声叹息

韦罗妮卡是某跨国医药研发公司的一名经理。某天早上她醒来，突然意识到，20% 的员工竟然承担了公司 80% 的创新活动。她的担心源自以下几个原因：

- 80% 的员工并没有发挥自己的创造力，对工作似乎也不投入，或只是在工作中得过且过。他们对工作似乎很不满意，但她知道，如果他们能够投入工作，那他们的工作效率其实可以变得很高。

- 如果公司无法善用人才、发挥创造力并保持自己的优势，竞争对手就会占上风。

- 她和少数几位积极工作的员工压力过大，他们在帮他人解决问题方面花费了太多时间。

- 她已经失去了好几个优秀员工。在离职谈话中，她才了解到，原来他们没有得到足够的挑战，已经厌倦了本职工作。

出现这种情况的原因是什么？

韦罗妮卡知道，她需要：

- 发挥团队的才能和创造力。
- 让员工更投入地工作。
- 提高工作满意度及相关的其他益处（比如工作效率的提升）。
- 把自己和积极工作的员工花费在解决他人问题方面的时间节省下来。
- 留住好员工。

　　韦罗妮卡深知，需要采取相应的措施来实现这些目标。思考后，她发现，解决方案其实一直就摆在她面前。接下来，我们看看，是什么方法让她在短时间内就解决了问题。不过现在，请先对你的现状加以分析。

行动清单

请你回答以下问题。

- 多年来通过缩减公司规模，你所在的公司机构是否至精至简，和许多其他公司一样？
- 你的控制范围是否扩大了？上级的期望是否在不断增加你的工作量和压力？
- 某些员工是否看上去无精打采，甚至周一早上不愿意来上班？
- 是否还有很多员工等着你去告诉他们下一步应该怎么做？
- 竞争对手是否已兵临城下？

- 是否曾有员工因为工作无聊或缺乏挑战而离开了公司？

　　如果你的答案是否定的，那说明，要么你已将权力下放，要么你至今并未感受到需要这么做的压力。如果以上情况属实，请参考其他章节内容，重点关注和你的处境密切相关的内容或者你做得还不够的部分。

　　如果上述清单中有四个或四个以上的问题，你的答案是肯定的，那么请你继续阅读。现在你已经认识到了下放权力的必要性。只有放权才能获得成功，只有放权才能帮你留住好员工。

> 在公司中，你的职位升得越高，你就越应该让他人成为赢家，而不是让自己在各方面都占优。对领导者而言，这意味着要注意鼓励的方式。当你发现自己总是讲"这是个好点子，不过……"时，请记住，不要对这些"想法"妄自评价。
>
> ——马歇尔·戈德史密斯

谁占了上风

　　你也许已经相信，你能从下放权力中获益，但却不知从何做起。相关规定可能模糊不清，让人很难记住，就像是茫然开车进入繁忙的高架桥，或穿越没有红绿灯的路口一样。

　　由于没有明确的规定，下放权力给员工这件事的不确定性甚至更高。公司可利用树立文化规范和学习榜样等方法，领导者作为个体也有很大余地释放权力。

　　我们再来看看韦罗妮卡是如何放权的。

再读一声叹息

　　韦罗妮卡意识到，她需要让 80% 的员工都参与思考，而非仅仅 20%。通过对员工总是等待上级指示、索要解决办法，却让自己的大脑处于长期休息状态的原因进行分析，她吃惊地发现，她本身是造成这一问题的重要原因。

　　由于自己的聪明才智和杰出的领导才能，韦罗妮卡得到了职位上的提升，更因能管理更多人，拥有更多预算，以及独占一间办公室而开心不已。她鼓励员工无论何时都可以向她直接反映问题和提出疑问，并日复一日地帮助员工解决难题。因此，她认为自己的这一做法很聪明，也十分重要。（你是否也曾有同样的感受？）最终，她明白了，她其实一直在鼓励员工"不动脑"——既然有人帮我出主意，我为什么还要主动思考呢？

　　因此，韦罗妮卡只做了一件事，就完成了权力的下放。她在办公室门上挂了一个这样的标志：

　　什么？这样就可以了？问题解决了？是的，问题基本上就这样解决了。韦罗妮卡向员工解释，一直以来她都轻视和低估了员工自己解决问题的能力，总喜欢手把手指导员工做事。她也承认，直接给出解答的做法阻碍了员工发挥自己的聪明才智和创造力。后来，只要有人走进她开着门的办公室，还像往常一样提出问题，韦罗妮卡就会指着这个标志，问出以下几个强有力的问题逼迫员工独立思考：

- 你认为问题出在哪里？
- 你觉得解决这个问题涉及哪些方面？
- 我们有哪些选择？

　　要回答这些问题，员工需自行创造性地解决问题，不能完全依靠上司而只能靠自己，最终提出多种处理方案。当员工的解决方案十分有效、创新性十足时，韦罗妮卡就会予以鼓励和赞赏。这样一来，整个团队的工作效率及人才留职率超过了公司其他部门，这也使得经理们纷纷向韦罗妮卡讨教管理经验。

韦罗妮卡笑着道出了她的成功秘诀："我不得不把自己从高高在上的位置上拽下来。我如果想让员工动脑，就不能是个无所不知的圣人。我真的要把权力下放给他们，让他们成为我身边聪明上进的同事。我把之前自己誓死捍卫的权力和价值都下放给了员工，结果证实这是种双赢的做法。我工作起来更加轻松愉悦了，团队也取得了前所未有的好成绩。更棒的是，团队成员们比以往任何时候都更开心、更主动。只要能一直这样开心地工作，优秀员工就会一直留在公司。"

韦罗妮卡的方法不仅仅只是正视问题。如果未把握好以下关键因素，"不做解答"这一标志就可能会惹恼员工。

- 信任员工，让其自行找到答案。哪怕你的做法和他们的不一致，也请参考他们提出的方法，并给予必要的支持。

> 某食品公司经理将权力下放给流水线上的工人。他们重置了进度表，并发明了一套新的系统，大大提升了生产效率，降低了运营成本，缩短了设备停机时间，还改善了雇用和留用员工的情况。

- 下放权力后，员工却搞砸了，请你控制住自己的反应。有时，权力下放是充满风险的，失败不可避免。与其指责，不如和员工一起从失败中吸取教训。把注意力放在下一次的重新尝试上，而非马后炮式地针对当初的错误不停地钻牛角尖。

某高管的严重错误导致公司损失了 1 000 万美元。他走进了老板的办公室，做好了迎接老板怒火的准备，并认为自己很可能被"炒鱿鱼"。结果，老板只问了他从这次错误中吸取的教训，并列出以后工作应注意的问题清单。他等着天塌下来，等了好久后问老板："你不解雇我吗？"老板答道："为什么要解雇你？我刚投资了 1 000 万让你吸取了经验教训啊。"

- 为员工服务。主动成为员工的资源。下放权力不意味着你放手不管。太多的案例表明，领导者在把决定权和工作内容转交给员工后，自己去做其他大事了。这种权力下放就演变成了一场灾难。"不做解答"只有在员工遇到困难时和他们共同解决问题，并在整个过程中给予指导和反馈才有效。
- 把员工当作同事，而不只是下级。时不时地做一些可能看上去"低于你的级别"的工作，来表明你的态度。与员工并肩共战，能够强化你们之间的关系，还会让员工更加尊敬你。

- 倾听员工的好想法，并将其应用于工作中。作家约翰·伊佐曾在其研究著作中提到，人们希望找到自己的用武之地。如果公司决策无须员工参与，员工就会保留自己的意见，没什么兴趣提高工作水平。

- 拒绝事无巨细的管理方式。给予员工施展拳脚的空间，请勿凡事必过问。以自己的方式完成工作的同时，也请询问员工需要何种程度的监督和管控，并议定检查工作质量的方式。

- 与员工共享荣誉。对你而言，这也许是最难做到的。作为团队的英雄，你总是收获来自员工的赞扬，他们也把团队的成绩归功于你的付出。放权也意味着你需要把关注和赞扬与员工共享。当你的员工得到更大的发展空间，能够发挥聪明才智和创造力时，你随之获得的荣誉将更甚于前。

某大型零售连锁店的经理们放权的方式是让员工践行员工手册上的行为规范，即"无论何时，请做出自己最好的决定"。其中一位经理讲述了他的一名员工的故事。某天，该员工在午休后回公司有点儿晚了，还气喘吁吁的。我问她为什么跑这么急（并没有追究迟到的原因），她告诉我："有个孕妇之前订购了一件浴袍，最近到货了。我在给她打电话时，发现她今早住院准备生产了，所以我干脆利用午休时间跑去送货给她。"这个顾客后来写了封感谢信给高层，这名员工也在员工大会上得到了应有的表扬。

在严格管理的工作环境中，你是否见过这样的客户服务？应该没有。请记住：将权力下放给员工，会收获员工的好想法和新观点，这些都是你未曾要求他们提出的。员工会将优秀二字写进自己的名字，他们的表现甚至会令你刮目相看。

ZENITH

第二十六章

巅峰：
朝着目标前进

经常进行自我评估，并不断完善和发展。你和你手下的领导者应对营造充实高效的工作氛围负责，这样优秀员工才更愿意留下来，与公司一起共创辉煌，达到巅峰。祝愿你能越来越好。

——贝弗利和沙伦

思考题 如何才能坚守承诺，真正留住好员工？

本章可能是本书最重要的一章。为什么呢？因为如果缺少不懈的努力和坚持，关爱员工的理念和举措就只是心血来潮的好想法（而热度很快会消散）。你应该不愿意看到这样的结果。接下来，本章会告诉你，如何才能坚持不懈地营造吸引新员工、留住好员工的公司环境。

> 巅峰即顶点、顶峰、尖峰、极点、尖端。

你参加过峰会吗？这种会议一般由公司定期举行，三四个团队齐聚一堂，讨论公司及团队领导者如何持续地进步、提高和成长。参会人员会相互征求意见："我们如何能做得更好？""我们能达到更高的目标吗？""顶峰在哪里？"这些问题会涉及公司业务的所有层面，包括人事方面。

要成为杰出的领导者，你就需要不断地学习和成长。在这一过程中，你会越来越熟练地掌握留住好员工的方法，并留住那些

最不应失去的人才。当你以为自己找到了解决人事问题的方法时，
职场环境和全球形势却已发生了翻天覆地的变化。在这种情况下，
你需要进一步学习，来经常审视自己的管理策略，不断微调以应
对这种变化。

实现知行合一

人们常说，知识就是力量。但我们觉得，也不尽然。知行合
一方为力量。杰弗瑞·菲佛和罗伯特·萨顿合著的作品在该方面亦
有论述。[1] 他们指出："能将知识转化为行动的领导者应避免陷入
'聪明的谈话陷阱'中。领导者应采取制订计划、详细分析、召
开会议和做出演示等方式来激励行动，而不是用这些方式来替代
行动。"

以下策略能帮助你实现知行合一，从中找到最适合你的那一
个吧。

▶ **重新审视你的 REI。** 重新阅读本书第 XIV~XV 页 REI 部分。重
   新完成测试，并将本次成绩与第一次成绩进行比较。着重圈
   出你期望和团队成员进一步探讨的话题。

▶ **建立自己的行动清单。** 你应该已经有了自己的行动清单，不
   是吗？将与团队中的优秀员工进行在职谈话作为清单的首项
   内容。认真倾听员工的声音，并将大家一致认可的行动记录

下来。请记得给行动安排时间线。

▶ **进行尝试。**这似乎顺理成章，但有时由于工作忙碌，压力太大，人们往往忘了采用新的行为和方法。墨守成规固然简单，但从本周开始，请至少与一名员工一起尝试一件新事物。

▶ **获得反馈。**如何得知自己的尝试是否有效？最好的办法就是主动询问。将你的计划公之于众，与大家分享你所做的事，以及为了成为有效的领导者付出的努力。这一举动也许反倒能得到大家的支持。

▶ **重新选择。**"你觉得这招对你有效吗？"深受美国民众喜爱的电视心理学家菲尔博士在节目中会经常这样提问，引发观众的一阵笑声。有时，尝试了新方法后，你会发现它并不奏效。请不要放弃，换种方式或换个时间再试一次。又或者考虑下周采取其他行动。

▶ **获得帮助。**你不需要孤身奋战。假设你有一个关爱员工的上司（希望如此），在尝试新事物的过程中，请他来指导你。你的搭档、人力资源同事、前辈导师等也都是你获取资源的对象。

持续投资

你最近一次节食是什么时候？你的确减轻了体重，然后呢？

如果你重拾旧的饮食习惯，每天吃糖果、喝啤酒，那么你减下去的体重还是会反弹的。尝试新方法和节食很相似。请时常提醒自己，多取得反馈，多征得旁人的意见，履行自己曾许下的承诺。请朋友或利用科技手段（比如你的智能手机）帮你记录下行动计划，提醒你什么时候该做什么事。

> 员工留职率高是一方面，员工在公司内部持续发展是另一方面。在业绩优异的公司里，领导者不仅关注如何提高员工留职率，还关心如何帮助员工进步和成长。韬睿惠悦的一项研究表明，有 50 家跨国公司的员工留职率近年来大幅上升，这促使这些公司的毛利率增长了超过 4 个百分点。其中，通过增加福利待遇和提高绩效支持等措施留住人才的公司，其毛利率额外增长了 13 个百分点。[2]

那你的投资回报是什么？你为了留住好员工所付出的努力，最终会使员工、公司和你自己受益匪浅。

> 我需要营造并维持一个支持创新人才的环境，让他们在这一空间内能充分发挥自己的聪明才智。在这里，有需要就可以休假、接受培训，或去探索生命的意义。这里有时间供人阅读和思考，社交，接触公司以外的世界，考虑客户、投资商和赞助人的需求。

精神上的支持很重要，但往往被人们低估。就某种程度而言，金钱并没有与上司或同事的关系重要。成功的领导者要求自己更有效地把控管理细节，从员工层面改善做事的问题。

——摘自美国著名访谈节目主持人查理·罗斯

对纽约林肯中心总裁雷纳德·莱维的采访

给下属管理者也上上课

领导者不一定需要比下属做得好，而应设法让下属做得比他还棒。

——弗雷德·史密斯，联邦快递董事长兼 CEO

这件事你没法儿自己做。你需要依靠下属管理者，才能成为真正关爱员工的好领导。

首先，发送信息给你的下属管理者，明确告知其留住好员工的重要性。在信息中详细描述员工留职率、责任感对公司的影响，以及未完成目标将造成的后果。以下是一封高级经理写的信，发布在公司的备忘录中。

目前的关键点即做到全行业的执行第一。我了解你们执行活动的全貌，我也知道你们做得非常好。我有信心，你们不仅能完成管理层给予你们的目标，还能不断超越。当然，杰出的执行能力包含两个关键点。杰出的管理能力为其一，其二则是优秀的员工。优秀的员工如今可遇而不可求，因此，坐拥杰出员工的同时，万万不可轻易失去他们。

我希望，在不影响常规销售和服务目标的同时，将维护员工留职率作为你们的首要目标。请记住：除了你们自己，无人可以帮你们留住人才。创立独特的部门文化，例如提供个人奖励，尊重、理解和帮扶每一位下属，才是留住人才、激励员工的关键举措。你们有责任推动员工的成长和进步。员工发展才能推动公司发展。

——某跨国保险公司 CEO

许多领导者还向我询问一些能帮助下属管理者聘用和留住好员工的小诀窍。我们将本书内容浓缩成以下索引，仅供参考，希望能帮助你们找到可行的方案。

询问

下属管理者是否开展过"在职谈话"？如果做过，那就再接再厉；如果没有做过，那可以试着开始。你的任务即引导下属管理者就关键话题进行主动询问，就员工反馈（特别是难以满足的需求）提前准备应对，让一切成为可能。和每一位好员工面对面进行"在职谈话"是下属管理者的职责所在，能让团队和企业留住这些优秀人才。此外，随时与下属管理者沟通，与其分享新颖的谈话小技巧。

责任

你的下属管理者对团队建设负全责吗？责任如何落实到位？有言道，大忙人忙于雪中送炭，而非锦上添花。你应监督下属管理者竭尽所能留住好员工，因为好员工才是公司的固本之源。如果下属管理者并没有责任意识，那就多给予培训；如有必要，可以将其移出管理队伍。

职业

与下属管理者结束职业讨论后，你需要了解一下其与员工职业沟通的大致情况。他是否了解员工下一步的需求？是否能帮助员工成长？搭建行动轨迹，包括将职业管理目标作为下一年度的绩效目标之一。

尊重

对管理者而言，这项挑战异常艰难。毕竟表达尊重，发掘团队多样性，时刻注意员工是否存在懈怠情绪，这些都很难评估和管理。但这依旧是你的职责所在。你会如何处理不尊重员工的下属管理者，这都处在员工的密切关注之中。员工希望，你可以勇敢地对其进行教育，要求其改变行为，甚至将其清出团队。

激活

为员工提供激活工作的机会，是挽留员工性价比最高的办法。与下属管理者商议激活工作的可能性，并协助其为开展员工谈话做准备。在今后的员工大会中，也可以邀请你的上司分享其在这方面的实践经验。

家庭

如果你是重视家庭的领导者，但是你的下属管理者和你截然相反，怎么办？你可以帮助他们进行改变。以身作则、言传身教很重要。员工会观察你是如何平衡工作和家庭的，并跟随你的脚步。帮助员工放松身心，在其陷入工作和生活的纷扰时搭把手。搭建平台，宣传家庭的重要性，并奖励重视家庭的下属管理者，你将收获一个拥有核心凝聚力的团队。

目标

下属管理者有时会为不能给表现优异的明星员工提供晋升机会而忧虑。同时，他们也担心，如果不能满足员工翘首以盼的升职愿望，员工工作起来会心不在焉，甚至直接离职。请与下属管理者一起，对员工提出的能推动成长和发展的选项进行丰富和补充，并提醒一下，为了公司的人才发展，他们或许可以让他们想挽留的员工自行选择去留。

招聘

留住好员工应该从招聘环节做起。帮助下属管理者在挑选人才时做到慧眼识珠，亦可考虑参加相关的培训课程，邀请职场专家帮助设计招聘需求，并参与招聘过程。事后及时帮助下属管理者总结经验，不断修正招聘策略。

信息

下属管理者能否很好地与员工分享信息？对此进行例行检查（对，就像检查车辆一样），确保关键信息传达到每一个人，并要求下属管理者对及时准确下达信息负责。员工的工作表现和满意度与这一点息息相关。

行为

员工们一直在观望，你如何应对"浑蛋"管理者，特别是向你汇报工作的下属管理者。引导这样的管理者并以身作则。如果他们毫无改变，请果断将其踢出管理层。

快乐

下属管理者是否给部门工作带去了乐趣？你自己是不是一个有趣的上司？请先以身作则，用自己的行动影响他们。我们认识的一位高管曾将所有管理者集中起来，和他们一起给部门研究出一系列有趣的活动，并一一实践。管理者们也纷纷在自己的部门内开展这些活动。请允许下属管理者们给自己的团队带来快乐，可别让他们成为"快乐终结者"。

连接

如果你的下属管理者是"绝缘体"，请帮助他们学会加强与员工的联系，这不仅对他们自己有好处，也能为吸引更多人才打下坚实的基础。这也许有点儿违背常理，但人们的确更喜欢待在备受众人追捧和支持的地方发光发热。

导师

指导下属管理者时，也问问他们是如何指导员工的。直接告诉他们，你是否看到他们树立了好榜样，并集思广益，找到改进的好方法。同时收集关于你的指导水平的反馈：员工希望你如何在这项极为重要的工作中做得更好？

统计

召开一次员工大会计算损失。让每位下属管理者回想一下近期是否有优秀员工离职，并利用第 182 页的列表计算一下员工流失造成的实际损失。鼓励下属管理者降低本可避免的员工流失率，就像你关注降低公司其他方面的成本一样。

机会

下属管理者或许并未为优秀员工发掘良机。为什么呢？因为他们害怕失去好员工。某亚马逊高管曾说："我们雇用的人有雄心壮志。如果不帮助他们在亚马逊成长，我们就将失去他们。"就是这个意思。协助下属管理者在公司内部发掘机会。团队也许暂时会失去好员工，但好员工最终留在了公司内部。

热情

询问下属管理者："你是否知道，员工对什么工作充满热情？"如果答案是肯定的，那就进一步了解他们为了激发员工更多热情采取了哪些方法。如果他们对此完全不清楚，请敦促他们主动去了解员工每天早起上班的动力。这些信息有助于留住好员工。

质疑

你的下属管理者是否受到现有规则的束缚，或者被你制定的规则限制？如果的确有这种情况，其团队在创造力和生产力方面可能并没有发挥应有的水平。请先带头试试如何能在合理范围内打打擦边球，再支持下属管理者如法炮制。鼓励他们质疑现有规则，挑出不再适用的那些条款。在下一次员工大会上，记得与他们一起清算那些不合时宜的规章制度。

奖励

请观察你的下属管理者目前是如何奖励员工的，了解最常用的认可员工工作表现的方式是什么。如果他们急需找到处理方法，这时就需要你及时向其提供改进这方面领导力的建议。不过，你在这方面是如何起榜样作用的？下属管理者能从你身上吸取什么好的经验吗?

空间

请你的下属管理者完成第 251~252 页关于空间的小测试并公开自己的得分。在此基础上讨论分数背后的原因,并鉴于公司文化和工作氛围,思考如何为本部门员工创造更大的空间。要求下属管理者在员工提出特殊要求时,不要直接拒绝,而要先像你一样,多问几个为什么。

真实

在你公司最近一次员工满意度调查中,员工一定提出(这不是第一次了),希望得到更多关于工作表现和优缺点的反馈意见。我们是怎么得知的?因为这几乎时时刻刻发生在每个国家的各行各业中。基于很多原因,下属管理者并没有坦陈自己的意见,或者表达得不够。请提醒他们,并从自己做起,让管理者们都担负起为员工提供持续、有见地且效果良好的真实评价。

理解

请你的下属管理者用一个月完成倾听挑战,找出那些用起来得心应手的倾听方法和技巧。让下属管理者充分发挥自己的主观能动性。一个月后，从员工那里收集反馈，看看下属管理者是否有所改变，谁是这场倾听比赛的最终获胜者。

价值

公司内部是否有成文的价值观被悬挂在公司墙上？或被写进年终总结？抑或是被贴在公司网站上？主动询问下属管理者，了解一下这些价值观是否在日常工作中得到体现或被践行，并用一些实例加以印证。就部门中备受认可的价值理念进行讨论，并考虑如何使其与公司价值观达到一致。这样，下属管理者才能与员工们同舟共济。

健康

坚持提升团队成员的健康水平，并就此对下属管理者进行培训。下属管理者应负责降低——而非提升——团队成员的压力水平，并因此获得奖励。不要将关心员工身心健康放在人事管理末位，这应该是管理者的核心职能，被放在管理任务的首位。

代际差

一些下属管理者会认为，这一章只是关于如何迎合年轻一代的需求。作为领导者，你需要帮助他们认识到，管理代际差异也是管理策略的一部分内容。与下属管理者聊聊目前的管理状况，员工是否存在代际差异，以及他们从中得到了哪些启示。

放权

我希望你能这样大胆向下属管理者质询："我是否采用过事无巨细的管理方式？"如果答案是肯定的，请让他们列举具体事例说明。你可以这样追问："我一般在什么时候凡事都要过问？""整件事是怎样的？""你们内心的想法是什么？""要是我做得很好，整件事的成果看起来会如何？"接下来，让下属管理者针对自己的管理方式，重复这个质询的过程。实话实说能让这个话题重新受人关注。你和下属管理者都会从中受益，互相帮助对方提升管理效率。

巅峰

邀请下属管理者一起讨论"巅峰"议题。询问他们作为管理者不断发展和完善的策略，以期提高聘用和留住优秀员工的数量。跟随他们的脚步，不断对他们的进步进行评估。期待其能履行留住好员工的诺言。公司的竞争优势与此共存共荣！

最后的行动清单

花点儿时间，与下属管理者谈一谈。以下问题或许用得上。

你会……

- 采用不同手段争取人才吗？

- 花心思处理那些很"浑蛋"的下属管理者（欺负员工的管理者）吗？

- 与上司一起商讨提高薪酬以外的其他聘用和留住好员工的策略吗？

- 奖励那些想方设法留住人才的下属管理者吗？

- 让下属管理者负责制订和执行招聘计划吗？

- 帮助下属管理者拓展"明星员工"的范围吗？

- 为各级管理者提供长期的相关培训吗？

- 将想法告知高层吗？如何影响高层的决策？

- 如何评估任务完成情况？

- 如何延续主动性？

　　如果你是管理者的上司，那么你不但要留住团队内部的人才，还要帮助下属管理者跟随你的脚步。确保关爱员工的信号和工作策略传递到公司的每个角落。将优秀的实践经验作为员工模仿的典范，并将这些经验融入日常工作（在这里，再次感谢《一分钟经理人》的作者肯·布兰佳）。

致谢

最初写《留住好员工》时，我们都没想过，这本书竟然能出到第五版。每次在研究手中的材料时，我们都在想，还有哪些内容能够补充进去。随着想说的变得越来越多，我们的工作就变成了去粗取精。

不过，有优秀团队的鼎力相助，我们完成这项工作也顺利了许多。南希·布鲁尔是我们杰出的"声音编辑"，她对本书的每个版本都进行了指导，亲切有礼地指出写得不清楚的部分，还帮我们总结和编辑了讲述美国现状的内容。没有她，我们就无法顺利完成这些工作。

感谢同事贝特·克拉考，她是一名经验丰富的咨询师和协调人，也是本书的热心读者。在寻找事实资料、挖掘最新资讯的过程中，贝特成为我们的不二人选，她熟知这些渠道。她还帮我们在社交网站上展开了名为"你为什么留在公司"的在线调查。她的帮助慷慨无私，实属无价之宝。林赛·沃特金斯也给予了很多帮助，自始至终支持着我们的努力。

贝雷特克勒出版社总裁史蒂夫·比尔桑蒂为本书第五版进行了指导，也坦诚地提出了很多意见。他通读每个章节，对修订的部分大为赞赏，还详细反馈了不赞同部分观点的理由。他的每次来电都像一剂强心针，能振奋人心。

设计师特蕾西·罗卡对第五版进行了全新的版面设计，把封面、图标、"一声叹息"栏目等部分都进行了升级，在前四版的基础上为本书注入了新的活力。

再次感谢国际职业体系公司（Career Systems International）的优秀的协调人、培训师和咨询师，是他们把我们的工作室和网站介绍给了全世界。他们还培训了一批公司内部协调人，通过适应各地文化的方式将这些理念传播出去。现任产品研发与营销部副总裁的贝弗莉·克罗韦尔曾是我们的客户，一直帮助我们修改解决方案和咨询方法。她使一切都焕发生机。

出到第五版，本书的影响力真正遍及全球。我们兴奋地得知，有25个不同语言的翻译版本已经上架。为了增加国际化案例，我们找到了来自世界各地的公司同事、工作室伙伴及相关协调人，征求发生在他们国家的相关案例、故事及经验总结。相关资料如雪片般飞来，都很有借鉴意义，但可惜由于篇幅所限，无法全部收录。我们会将这些信息都放在网站上，为全球读者持续提供帮助。

感谢各国的客户，他们将这些方法运用于公司内部，并及时提供反馈意见。感谢来自英格索兰、第一资讯、百事可乐的协调人。感谢一直为本书提供事实和案例的全球读者。感谢来自瑞士的迈克·佐林格、加拿大的尼尔·布莱克、中国台湾的格雷丝·程，感谢在日本、韩国和中国的公司工作过的丹尼斯·梅特卡夫和丹格·梅特卡夫、在中国香港工作的齐伟妮（音译，原名为 Vinnie Chi）、在亚洲公司工作的乔伊斯·乔和莱缪尔·德维莱斯、新西兰的马特·霍金斯、俄罗斯的伊莱恩·沃克、秘鲁的卡洛琳·拉扎特、英国的保罗·切斯曼、南非的玛丽·戴尔。特别感谢艾莉森·玛格里斯、米歇尔·普林斯、谢尔比·莫兰和玛丽·斯卡布罗，感谢这些人为本书提供了崭新的全球视角。

特别感谢新加坡 The Flame Center 公司的李谨任（音译，原名为 Lee Kang Yam）、露西·利、温迪·陈，他们以自己的角度将本书内容传递给亚洲公司，为此做出了非凡的贡献。

最后，感谢我们彼此之间的扶持和帮助。我们两人能力不同、风格迥异，但都拥有坚定的信念和严谨的安排。我们发明了一套适合彼此的工作模式，也相信能将这版书做到最好。我们怀念在电话上讨论细节的日日夜夜，怀念那些反复修改过的书稿，感谢电话、平板电脑，感谢两位耐心的配偶迈克和巴里，感谢我们自己。

注释

第一章 询问：主动倾听员工心声

1. Frederick Herzberg, B. Mausner, and B. Snyderman, *The Motivation to Work* (New York: Wiley, 1959).

第二章 责任：团队领导是留人的关键

1. *Turning Around Employee Turnover* by Jennifer Robison, May 2008, http://businessjournal.gallup.com/content/106912/turning-around-your-turnover-problem.aspx.

2. *Aligning Rewards with the Changing Employment Deal* by Watson Wyatt, www.worldatwork.org/waw/adimLink?id=17180 (p. 6).

3. *Employee Engagement A Review of Current Research and Its Implications* by John Gibbons, November 2006, http://montrealoffice.wikispaces.com/file/view/Employee+Engagement++Conference+Board.pdf.

4. *Employee Engagement: Has It Been a Bull Market?* by Jennifer J. Deal, Ph.D., Sarah Stawiski, Ph.D., and William A. Gentry, Ph.D., July 2010, p. 3; www.ccl.org/leadership/pdf/research/ EmployeeEngagement.pdf.

5. Robert I. Sutton, "Why Good Bosses Tune In to Their People," *McKinsey Quarterly,* August 2010.

第三章 职业: 支持员工实现理想

1. Adapted from "CareerPower® Classic: A Guide to Development Planning," Career Systems International, Scranton, Pennsylvania, 2011.

2. "They're Not Employees, They're People," *Harvard Business Review,* February 2002.

第四章 尊重: 挖掘特质, 表达尊重

1. Personal conversation with R. Roosevelt Thomas Jr., author of *Beyond Race and Gender: Unleashing the Power of Your Total Workforce by Managing Diversity* (New York: Amacom, 1991).

2. Marilyn Gardner, "Robin Koval, Advertising Executive at Work, 'Nice' Is on the Rise," *Christian Science Monitor,* October 17, 2006.

3. "2001 Randstad North American Employee Review" (Atlanta:

Randstad, 2001);available by calling (877) 922-2468.

第六章 家庭：让工作与家庭和睦相处

1. *Numerical and Functional Labour Flexibility at Firm Level: Are There Any Implications for Performance and Innovation?* by Swiss Federal Institute of Technology No. 80, September 2003.

2. *Work/Family Programs That Work* (Chicago: Lawrence Ragan Communications, 2006).

第七章 目标：增加"向上"之外的可选项

1. See Priyanka Vyas, "Looking to Give That Edge," *Hindu Business Line,* March 12, 2007, www.blonnet.com/ew/2007/03/12/ stories/2007031200050200.htm.

第八章 招聘：选择合适的人才

1. Adapted from "The Decision Grid," the Jordan Evans Group, 2013.

2. Marian Ruderman, Laura Graves, and Patricia Ohlatt, "Family Ties: Managers Can Benefit from Family Lives," Center for Creative Leadership, January/ February 2007.

第九章　信息：尽量多与员工分享信息

1. Jack Stack and Bo Burlingham, *The Great Game of Business, Expanded and Updated: The Only Sensible Way to Run a Company* (New York: Crown Business, 2013).

2. Chief Learning Officer, Solutions for Enterprise Productivity, "New Survey Reveals Extent, Impact of Information Overload on Workers," October 28, 2010.

第十章　行为：不要成为员工眼中的"浑蛋"

1. "Bad Bosses Damage Health, Quality of Life," *The Times of India,* February 5, 2013.

2. Edward P. Lazear, Kathryn L. Shaw, and Christopher Stanton, "The Value of Bosses," August 15, 2012; available at SSRN: http://ssrn.com/abstract=2131572 or http://dx.doi.org/10.2139/ssrn.2131572.

3. For more information, see "Retention Deficit Disorder," Career Systems International, Scranton, Pennsylvania, 2003.

4. Warren Bennis, "News Analysis: It's the Culture," *Fast Company,* August 2003.

5. Robert Sutton, "Building the Civilized Workplace," *McKinsey Quarterly* 2 (December 7, 2007).

6. Robert Sutton, *The No Asshole Rule: Building a Civilized Workplace and Surviving One That Isn't* (New York: Business

Plus, 2007).

7.　David Dorsey, "Andy Pearson Finds Love," *Fast Company,* August 2001, p. 78.

第十一章　快乐：在工作中寻找乐趣

1.　PRNewswire, "Southwest Airlines Reports Increase in Annual Profits; 40th Consecutive Year of Profitability," Dallas, January 24, 2013.

第十二章　连接：建立员工和公司的关系

1.　*Gallup Business Journal,* "Item 10: I Have a Best Friend at Work," 1999, http://businessjournal.gallup.com/content/511/item-10-best-friend-work.aspx.

2.　"In Today's High-Tech Economy, Employees See Productivity as Increasingly Relationship-Driven and Work as Highly Social, SelectMinds Study Finds," *Business Wire,* October 30, 2006.

3.　Calling Brands, *Crunch Time: Why We Need Purpose at Work,* 2012, www.callingbrands.com/sites/all/themes/zen/dave/pdf/brand_china.pdf, p. 13.

4.　PricewaterhouseCoopers, *Millennials at Work: Perspectives from a New Generation,* 2008, www.pwc.com/gx/en/managing-tomorrows-people/future-of-work/pdf/mtp-millennials-at-work.

pdf, p. 5.

5.   Alison Overholt, "Creating a Gem of a Career," *Fast Company*,
     March 2006, p. 135.

第十三章 导师：指导员工快速成长

1.   Daniel Goleman, *Emotional Intelligence: Why It Can Matter
     More Than IQ,* 10th Anniversary Edition (New York: Bantam
     Books, 2006).

2.   Paul G. Stoltz, *Adversity Quotient* (New York: Wiley, 1999).

第十四章 统计：计算人才流失造成的损失

1.   Adapted with permission from "Run the Numbers," Career
     Systems International, Scranton, Pennsylvania, 2000.

2.   Jude T. Rich, "Sitting on a Gold Mine: Reducing Employee
     Turnover at All Costs," *World at Work,* 2nd quarter 2002.

3.   *Gallup Business Journal,* "What Your Disaffected Workers
     Cost," 2001, http://businessjournal.gallup.com/content/439/
     what-your-disaffected-workers-cost.aspx. Supported by Towers
     Watson, *Global Workforce Study*, 2012, http://towerswatson.com/
     assets/pdf/2012-Towers-Watson-Global-Workforce-Study.pdf;
     and The Conference Board, *Employee Engagement: A Review of
     Current Research and Its Implications*, 2006, http://montrealoffice.

wikispaces.com/file/view/Employee+Engagement+-+Conference+
Board.pdf, p. 17.

第十五章 机会：不断为员工提供成长可能

1. Edward F. Murphy, *2,715 One-Line Quotations for Speakers, Writers, and Raconteurs* (New York: Crown, 1981), p. 148.

第十六章 热情：维持员工的工作兴趣

1. Po Bronson, *What Should I Do with My Life?* (New York: Random House, 2002), p. 363.

第十七章 质疑：反思规则，跳出盒子思考

1. Marilee Adams, *Change Your Questions, Change Your Life* (San Francisco: Berrett-Koehler, 2009).

第十八章 奖励：用创新方式表达认可

1. RedBalloon, *2012 RedBalloon Reward and Recognition Report,* 2012, p. 13, www.redballoon.com.au/media/corporate/images/Reward_&_Recognition_Report_2012_RedBalloon_for_Corporate.pdf.

第十九章 空间：改善工作环境和方式

1. *Canadian HR Reporter,* May 8, 2012.

2. Eurofound, *Fifth European Working Conditions Survey,* 2012, Publications Office of the European Union, Luxembourg, www. eurofound.europa.eu/pubdocs/2011/82/en/1/EF1182EN.pdf.

3. Pamela L. Van Dyke, "How to Lead in a Virtual World," *Chief Learning Officer,* January 30, 2013, clomedia.com/articles/view/how-to-lead-in-a-virtual-world.

4. See www.b-society.org/research.

第二十章 真实：和员工互相袒露心声

1. Gallup, "Recognition and Feedback Lacking," www.businessjournal.gallup.com/content/146996/employees-need-know.aspx.

2. Michael Griffin, "Open-Door Policy, Closed-Lip Reality," Corporate Executive Board, October 18, 2011.

第二十一章 理解：做深度倾听的领导者

1. Robert B. Catell and Kenny Moore, with Glenn Rifkin, *The CEO and the Monk: One Company's Journey to Profit and Purpose* (Hoboken, NJ: Wiley, 2004), p. 235.

第二十二章　价值：匹配个人与公司的价值观

1. Nic Patton, "Dr Jekyll at Home, Mr Hyde at Work," *Management-Issues*, April 5, 2007.

2. Jim Kouzes and Barry Posner, *The Leadership Challenge*, 4th ed. (San Francisco: Jossey-Bass, 2008).

第二十三章　健康：保持工作和生活的平衡

1. See www.workfittreadmill.com/product.php.

2. Ken Nowack, "Power Napping and Performance," February 8, 2011, http://results.envisialearning.com.

3. See http://business.time.com/2012/04/26/stop-working-more-than-40-hours-a-wek/?utm_medi.

4. See http://www.sbnonline.com/2011/03/take-control-of-your-health-and-well-being/.

第二十四章　代际差：与不同年龄段的员工相处

1. *What's Next, Gen X? Keeping Up, Moving Ahead, and Getting the Career You Want* (Boston: Harvard Business Press, 2010), p. 60.

2. Susan Mitchell, *American Generations: Who They Are, How They Live, What They Think* (Ithaca, NY: New Strategist, 2005).

3. Adapted with permission from The Learning Café, 2013, www.thelearningcafe.net.

4.   Adapted with permission from The Learning Café, 2013, www.
     thelearningcafe.net.

第二十六章　巅峰：朝着目标前进

1.   Jeffrey Pfeffer and Robert Sutton, *The Knowing Doing Gap: How Smart Companies Turn Knowledge into Action* (Boston: Harvard Business School Press, 2000).

2.   Towers Watson, *Global Workforce Study,* p. 8, 2012, http://towers-watson.com/assets/pdf/2012-Towers-Watson-Global-Workforce-Study.pdf.